平大臣平宗盛　國清盛入道浄海　小松内府平重盛

城四郎資茂
三河守平知度
左馬頭平行盛

武藏三郎左衛門有國
越中次郎兵衛盛次
伊藤祐親道寂連

新中納言平知盛
監物太郎頼賢

飛騨左衛門景長
俣野五郎景久

弥平兵衛宗清
上總五郎兵衛忠光
櫻間外記太夫連

皇后亮經正
右近中将平維盛
越前三位平通盛

三位中将平重衡
能登守平教經
薩摩守平忠度

越中前司盛俊

錦朝

武
士
の
日
本
史

BUSHI NO NIHONSHI

by Masaaki Takahashi

©2018 by Masaaki Takahashi

Originally published in 2018 by Iwanami Shoten, Publishers, Tokyo.

This simplified Chinese edition published 2020

By Social Sciences Academic Press, Beijing

By arrangement with Iwanami Shoten, Publishers, Tokyo

〔日〕

高桥昌明

著

日本武士史

社会科学文献出版社
SOCIAL SCIENCES ACADEMIC PRESS (CHINA)

目　录

序言　古装剧的主角

丁髻的起源

　　我们说起武士就会想到古装剧的主角，说起古装剧就
会想到武士。事实上，日本大多数古装剧是关于江户时代
的，所以主角就是江户时代（根据情况，下文也会使用
"近世"一词来指代这一时期）的武士。为了表现那个时
代的特色，会用到一个叫丁髻的小道具。丁髻很像"ゝ"
（chōn）① 的形状，故得此名，是以武士为代表的成年男
子的一种发髻的扎法。即将额头至头顶部分的头发剃光，
再把"本取"（motodori，即发髻，指将头发扎在头顶的
地方，也指发髻本身，又称"tabusa"）向前折起来。这

_____

　　① 日文平假名中表示叠字的符号。（本书中所有脚注均为译者注，后
　　　文不再另做说明。）

· 1 ·

是江户中期以后普及的发型。

若是万屋锦之介和中村吉右卫门二代等现代演员在电视和电影中以丁髷形象登场的话，我们不会感到一丝违和感，因为他们身着羽织和袴，腰间还配着两把刀。但如果一个梳着丁髷、穿西装戴领带的人过来搭话，我们定会张皇失措吧。最让人感到违和的是那从额头到头顶剃光的"月代"（月额）。尽管从世界范围看，近代以前有很多非常奇特的发型，比如中国满族的发辫或印第安人的发型，但丁髷是其中的佼佼者。据说，幕末时期乘着黑船来到日本的欧美人，看到日本人头顶上都放着把手枪，非常吃惊。这说法的真伪无从考证，兴许是有的。

我们简单梳理一下丁髷的历史。首先，在古代，拥有官职的男性会模仿中国的礼仪戴冠，戴冠的时候把头发全部束起来，在头顶上扎一个髻，这叫冠下髻。其次，到了平安时代以后，除了冠下髻的发型，元服后的中世男子还会戴乌帽子，扎发髻。所谓乌帽子，是指涂成乌鸦羽毛一样黑的帽子。与用于正装的冠不同，乌帽子是和日常服装搭配的戴在头上的袋状物。扎发髻的时候，稍微卷起"元结"（束发用的细带），多取一些发尾，用绳子将其和乌帽子的后脑勺部分系起来，这样运动起来乌帽子也不会掉。

在中世，根据身份和场合，乌帽子的形状和涂法各异。原来是用薄绢和生丝简单编织的布制作的，后来就用纸作为材料，涂上漆加固。乌帽子甚至普及至庶民阶层，成为不可或缺的日常用品，人们平时在家里也会戴，睡觉时甚至男女合欢时也不会取下来。正因为如此，让别人看到自己没戴帽子（露顶）的样子，被认为是粗俗的或有损对方名誉的行为；而割掉发髻部分，就意味着否定自己作为世俗之人的意志（出家）。日文里有个词叫"本鸟切"，指无端割掉别人的发髻，这在当时是与"强盗、盗窃、夜袭、放火、杀人"等程度相当的罪行（『鎌倉遗文』17729 号）。

用镊子还是剃刀？

大致从镰仓时代起，剃月代的习俗在武士之间传播开来。关于其起源，众说纷纭，比较有说服力的说法是武士剃月代是为了防止"气血上涌"。在战场上，即使顶着头盔，武士也会戴乌帽子。那时戴的就是柔软的"揉乌帽子"，在头盔的顶部开一个刚好能让乌帽子顶端露出来的孔（参见图 1-4）。因为戴着乌帽子和头盔，在进行战斗这种非常激烈的活动时，头部会被捂得很热，于是气血上涌，头部就会充血。据说从额头往上剃光是为了防止这种情况出现。虽然以前战争结束后武士就会让头发长回来，但到战国时代，剃月代变成了常态，成为风俗固定下来。另外，有个叫作"钵卷"的词，在镰仓时代到室町时代是指人们武装时为防止头盔下的乌帽子的位置偏移，将其边缘卷起固定，亦指用来固定的布。人们不戴乌帽子时也会系上这种护颈，不让汗从月代流下来。

4   也是在战国时代，之前的身份制度动摇，社会秩序混乱，这也表现在风俗习惯上。不戴乌帽子，露出头顶的做法逐渐变得理所当然。头发每天都会生长，保持整洁的月代很费功夫，要用剃刀或镊子来理发。人们刚开始是用镊子，这是一种将金属棒折弯用以夹住头发的工具。

后来出现了梳头匠这种职业。《洛中洛外图屏风》描绘了战国后期和近世初期的京都景象，其中也有梳头匠营业的场景。上杉本《洛中洛外图屏风》里画了一家开在现在中京区锦小路新町附近的店，梳头匠用镊子给客人拔头发，还有另一个人自己在用镊子拔。挂在柱子上的招牌上画着两把梳子、剪刀、镊子、元结和鬓盆（盛梳鬓所用之水的小盆）（图0-1）。这屏风画的大致是比永禄八年（1565）稍早时期的景观。

另外，舟木本《洛中洛外图屏风》描绘了鸭川上的五条桥西边（即现在的五条大桥处。现在的五条路相当

图 0-1　梳头匠用镊子拔头发，左边的柱子上挂着
店的招牌（米沢市上杉博物館所蔵、
上杉本『洛中洛外図屛風』より）

于原来的六条坊门小路）的一家简易小商店（床店、床
见世），梳头匠用剃刀给坐在凳上的顾客理发。旁边挂着　　5
招牌，上面画着两把梳子、剪刀、剃刀和元结。这表明剃
月代的工具从镊子演变成了剃刀。该作品是庆长十九年
（1614）前后完成的。当然，理发是收费的，所以贫穷的
武士和平民都偏好镊子。有人说，用镊子拔头发时"黑
血从头顶流下，惨不忍睹"（『慶長見聞集』卷四），想必
相当痛苦。从天正年间（1573～1593）中期开始，使用
剃刀理发的方式变得普遍起来。

发型与身份

前近代人与人的关系就是身份与身份之间的关系。为了维持安定的社会生活，人们无论何时何地都必须瞬间了解自己和他人的身份关系，采取和自己身份相符的行动。为此，服装、帽子、发型、鞋子等显示身份的标识就很有必要了。也就是说，这些是从外表一看就明白的标记。当然，发髻也是其中之一。

月代日益普及，在头上戴东西的风俗荒废后，发髻的种类也多了起来。把发髻往上折回，再从根部系起来，这就是所谓的"二折"。这种发髻形式产生了很多分支，武士和町人①的区别就不用说了，根据从事的职业不同，各人的发型也有变化。比如，町人的发型称作"髻"（tabo），后脑勺的头发向后凸出一大块。江户中期以后的发髻形状在以前的基础上分成了以本多风为首的三个流派。所谓本多风，是指将发髻的七分向前，三分向后，将发髻卷得很细很高。据说它起源于德川四天王的本多忠胜家中②武士

---

① 住在城市里的工商阶层。
② "家中"可以理解为家臣，是进入战国时代之后史料上常出现的一个词。目前，日本学界对"家中"与家臣的区别还没有明确的结论。相关的最新学说可参照村井良介「戦国期における「家中」の形成と認識」『歴史評論』803 号。

的发型，这也是最终定型下来的男性发髻（图 0 - 2）。因此本多风的发髻种类最多，有"ぞべ本多""豆本多""本多くずし"等很多名称流传下来。

图 0 - 2　本多风的发髻

如果把月代看作防止戴乌帽子加头盔引发的脑充血的方法，我们不禁会有疑问：为何町人和百姓也剃月代？对此有解释说，因为民众也作为杂兵奔赴战场。也有人认为，到战国时代为止，战场上的武士们在仪表上的讲究到了讴歌和平的年代变成了人们广为接受的时尚。甚至有人认为，受歧视的"秽多"被禁止用元结系发，或者被强制梳茶筅头（和冲泡抹茶时用的茶筅相似的发型），不能剃成月代；而百姓和町人害怕和"秽多"混同起来，就扎了丁髻。但是现在并没有一种解释能得到确凿的史料支撑。

疑惑之处

7　　江户时代以前，武士只有打仗的时候才会剃月代；到了江户时代，月代才真正变得普遍起来。然而，除了初期，江户时代是没有战争的和平年代。作为武士象征的月代却在和平年代完全普及，连百姓和町人这些非战斗人员也留起了月代，这不是非常不可思议的么？

　　这只是其中一例，关于武士或者武的疑问还有很多。比如，在中世以前有很多非武士的"侍"，江户时代也有少数。侍到底是什么？为什么武士会被称为侍？另外，很多日本人都喜欢城，但人们印象中的"城"——高耸的白色天守阁，宽阔的护城河，需抬头仰望的石垣——在战国末期以前是不存在的。提起武士，我们就会联想到刀，但自古以来武士被称作"擅长弓箭"之人，而不是"擅长刀法"的，这是因为长期以来象征武士的武器是弓箭而并非刀。但为何是弓箭呢？

　　产生上述各种疑问和错误印象的原因之一，在于江户时代的武士和战国时代以前的武士差异极大。战国以前的武士的历史很长，虽然和江户时代也有连续、相通的一面，但一般的读者可能几乎连两者有差异的这点都没有意识到。本书将从武士的起源讲起，一直到存留至近代的武士意识，即涵盖所有和武士相关的历史，并讲明各个时代的特征。幸运的是，近年和武士相关的研究进展迅速，本书将把这些新的成果尽量简单易懂地介绍给大家。笔者虽能力有限，但会努力让读者们发现意想不到的武士形象，进而不受常识的束缚，用一种新鲜的方式去看待日本的历史。下面在进入正题之前，请大家做下热身运动，放松一下僵硬的头脑。

探讨"武士的诞生"

武士是如何诞生的？从"常识"来说，武士是平安中期抵制贵族统治的新兴势力，诞生于地方，特别是东国的农村。读者们在学校学到的一定是这样的吧，笔者也一样。要想从头开始思考武士的历史，必须先彻底批判这个"常识"。当然，从古代末期到中世的武士中很多是以地方农村作为自己的根据地的，这点没错，但这并不等同于武士是从农村诞生、发展起来的，这个"常识"其实并无确凿的根据。这种关于"武士的诞生"的观点，很大程度上受到了江户时代的学者们为了复活"质朴刚健的武士"形象而提出的"武士归农论"的影响。也就是说，这是后世赋予武士的形象。

到了江户时代，没有了战争，随着经济的发展，人们开始追求宽裕的生活。收入有限的幕府和各藩出现了财政困难，而居住在城下町的武士却对太平时代习以为常，流于奢侈，忘却了武士的风纪，变得软弱无力。为应对这种事态，以熊泽蕃山为代表的很多江户前期的儒者，开始倡导武士归农（扎根农村）论。为了增强已变得软弱的幕藩军事力量，他们非常认真地提倡消除兵农分离，让武士扎根于农村，有事之时率领农民参加战斗。当时的武士已失去战士的资质，毫无见识，在日常生活中也风纪不佳。武士归农论被认为是让武士恢复作为统治者的力量和质朴刚健的好风气的有效措施。

当"必须回归中世以前，将统治根基打在地方"这种论点被不断提出后，人们就会强调武士居住在农村、成长于农村的观念。比如江户中期的儒学者荻生徂徕就断言："当今武士如公家，何用之有？"他还就武士出现的历史进行如下说明：

> 古来武士皆为"乡民"。战争之时，在公卿与地方长官的征召下，取敌人首级，得庄园为赏赐。但因终为"乡民"，并无一官半职。公务皆与武艺、战争相关，故代代口传"吾乃骑马射箭之家，吾乃武

士"。然而时过境迁，世袭官职之弊害令公卿多出愚钝凡庸之辈，武士却出豪杰。天下终成武家之世。

（『太平策』，成书于 1721 年前后）

徂徕的弟子太宰春台也写了下面这段话：

过去的武士和现在的武士不一样。他们居住在村里务农，和现在的富裕百姓一般。把镰仓时代的三浦、畠山之辈想成当今的大名是错的。当时把他们称作"大名"，是因为村落有"名田"（古代、中世的征税单位，以交税责任人的名来冠名。曾被认为是以所有者冠名的私有地）①，在持有"名田"者中，家里富裕且雇佣大量仆人的人就被称作"大名"。

（『経済録』，成书于 1729 年）

武士现在虽然变得和公家一样，但如果说武士的本源并非堕落软弱的市民，而是质朴的乡民，人们就会很自然地认为，武士的根源不是在沾染了华美奢侈之风的近畿地区的农村，而是在闪耀着未开之地的光辉、充满朴素刚健之风的东国（广义上指畿内以东，狭义上指关东）农村。

---

① 引文中括号内的文字为引者注，后文不再另做说明。

于是，现代的"常识"就这样诞生了：京都的贵族们终日沉浸于仪式与享乐，在碌碌无为和颓废中迷失了未来；而作为新兴势力的武士，在地方勤恳地经营农业、开拓土地，茁壮成长，终于，武士压倒了贵族，取代了贵族，开创了崭新的武家之世——镰仓时代。并且，明治之后的近代历史学将这种观点打造得更为精密，甚至与战后一段时期内的历史学的主张——世界史沿着奴隶制度—封建制度—资本主义制度这个轨迹有规律地发展（国别史也是如此，尽管有发展快慢的区别）——结合起来。于是，作为封建制领袖的武士被认为是从古代到中世（封建社会）社会进步的启动力量。

后来，中世史学界对上述这种单线的、机械的发展史观进行了批判性检讨。上述观点已经过时，但一般来说，这种理解依旧是日本人的常识，几乎所有的历史小说和电视剧都将该观点作为理所当然的基调。我们有必要再次根据事实来探讨到底这种观点是否正确。

第一章　何为武士
——从起源史的角度

1　称为武士的艺人

武士即艺人

　　首先，我想从武士产生的时代，即古代和中世谈起。　13
在这个时代，武士是艺人①。第一次听说的人也许会感到
惊讶，但这并不是卖弄玄虚的奇说。在最近的武士研究领
域中，这个说法得到了大部分学者的承认。

　　证据如下。《普通唱导集》是稍晚于乾元元年
（1302）成书的佛教相关书籍。此书将世间的人总共分为

---

　　①　日文原文为"芸能人"。

四种，即"世间、出世间的两种圣灵"和"世间、出世间的两种艺能"。"世间"指世俗之人，"出世间"指脱离俗界，即出家进入佛道的人。

"世间的圣灵"部分列举了国家统治阶层的范围，以及属于亲属、主从等关系的人。"世间的艺能"部分列举了相当于今天的艺人的群体，比如游女、白拍子（穿男装唱歌跳舞的游女）、击鼓人、猿乐（从事滑稽的模仿表演和口技的艺人）、琵琶法师等；还列举了漆器工艺师、抄纸工、铁匠等手工业者，文士、全经博士、纪传博士、天文博士、算数博士等各种学者、博士，商人、町人等社会阶层；居然还列举了仲人（以调停为职业的人）、赌博的人等，可谓多种多样。我们注意到，武士也被列入这一部分。

"艺能"这个词原本是"艺"和"能"的复合词。在古代中国，"艺"有才能、技术、学习等意思，"能"指善于处理事务的才能和才艺。在《史记》中，"艺"和"能"合在一起成为熟语，指与学问相关的技术和能力。在日本，"艺能"一词最早出现在古代的律令制中，指宫中的医疗医药机构录用的医学生的学问。之后，该词被广泛用在学问、武术、美术、歌舞乐曲、游戏等领域，指人们通过练习掌握的各种技术和能力。

《普通唱导集》中出现的"艺能"正是出于上述用法，不单指游艺和娱乐，还广泛包含学问、技艺、技术等

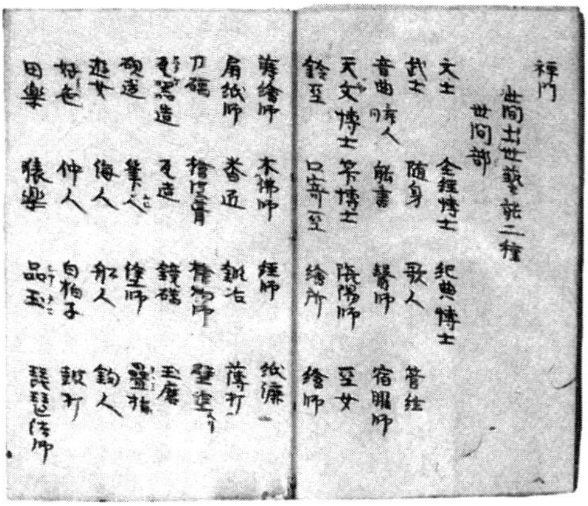

图 1-1　《普通唱导集》（东大寺图书馆藏）
"世间、出世间的两种艺能"的
"世间部"，第二列第一个为"武士"

才能、能力之意。换言之，"世间、出世间的两种艺能"指的是存在于圣俗两界的各种各样的社会分工。武士本来指的是通过"武"这种"艺"（技术）与其他社会成员区别开来的群体。天庆二年（939）东国爆发了平将门之乱，在记录其始末的《将门记》中，将门说道："天赐予我的资质是武艺，细数起来，同伴中有谁能比得过我将门?"

要将某种艺能延续下去，从业者必须不断磨炼自己的技艺能力，吸取新的技术，并将其传给后继者。艺能的习得与实践的程度，或者从中获得的方法和技术被称为"道"。中世武士的"道"被称作"兵之道"。"兵"指拿武器的人，简而言之就是武士，但也可以读作 ikusa，指武器和武具（在本书中，用"兵"表武士之意时，将其读音标记作 tuwamono）。于是，从"兵之道"到"赌博之道"（『平安遗文』三七六号），世间存在很多"道"。

职业身份

16　　大多数人认为普通武士也称作侍，两者是一样的；但历史学不这么看。在古代和中世，大多数武士是侍，但也有很多武士之外的侍。为了让大家理解这一点，有必要深入说明一下平安中后期和镰仓时代的身份秩序。

　　笔者认为，在这段时期的世俗世界中存在三种不同系列的身份：职业之别，出身之别，由公私两面的支配关系产生的上下之别。而这三种身份又是相互深刻影响的。首先，各种各样的艺能（职业）将人们联结起来，社会因此得以运转。当某种艺能作为"家"（为区别于近代的家族制度，本文统一使用"家"来表示）的职能固定下来时，一种身份类型就产生了，叫作职业身份。日本中世的职业身份大概可以分作以下三种：（1）文士、武士；（2）"农人""浦人""山人"等；（3）"各道细工"。文士指从事儒学、文学等学问工作的人，"农人""浦人""山人"指从事农业、渔业、林业等第一产业的人，"各道细工"指的是手工业者。

出身身份

出身身份是建立在"家"的社会等级（门第的高下）上的，可以归为四大类：（1）贵族以上；（2）侍；（3）百姓（平民）；（4）这三类之外的人。决定了"家"的社会等级的是"家"（的代表者）代代传承的官职和位阶，特别是位阶（国家官僚和官吏的序列与等级，表示和天皇距离的远近）。律令制中，从最顶层的"正一位"到最底层的"少初位下"，共有三十级位阶。贵族指的是位阶在从上往下数到第十四级（实质上是第十一级）的"从五位下"以上的人。1D 世纪之后，"正六位上"某种程度上意味着站在进入贵族的大门前，而"正六位下"之后的十五级位阶则形同虚设。

17

侍的身份就处在六位这一级别，根据平安中期以后的史料，以官职的角度来说，侍大概属于中央官厅的三等官级别。在律令制中，中央官厅、地方官厅、役所都设置有四个等级的常勤干部，即长官（kami）、次官（suke）、判官（zyō）、主典（sakan），称作四等官（每个官厅中的四等官的称呼所对应的汉字都不一样）。在古代和中世，次官和判官（三等官）之间有非常大的差距，在身份上有无法跨越的鸿沟。

与此相对，百姓是没有位阶的庶民。因此，侍指的是贵族和百姓之间的社会中间层。而这三种身份之外，还有第四类人，如没有生活所依之"家"的人、年老无偶之人、孤儿、年老无嗣之人，等等，他们在世上无依无靠，没有身份。在中世被歧视的身份（"非人"），就是从这些人中产生的。

归属身份

18　　在王家（天皇家）的家政机关（藏人所、内藏寮、御厨子所等）中，在承担国家政治、军事、宗教等职能的摄关家、幕府、大寺社等"权门势家"（有权有势的门阀家族）中，甚至在承担皇城警卫工作的各种各样的官厅（左右近卫府等）中，都存在一定程度的人身支配（这种现象后来消失了）。平安时代之后，律令制的性质发生变化，国家机构缩小，并发生了统合与重组，于是这些官厅和机关的业务就由世袭各长官职位的特定贵族家族承包了。上层家族与被支配的下层家族纵向结合，并产生了需要承担的义务，与此同时，被支配的人们就根据这种义务来要求某种权利。被支配的身份就这样产生了。还有另一种被支配身份，它完全产生于私人的主从关系。这两种支配身份称作归属身份（笔者创造的词语）。

　　归属身份包括被称作"家人"① 的随从、"供御人"

---

①　与中文的家人意思不同，在本书中统一加引号以示区别。

（以向神社或朝廷供奉食物为义务并享有特权的人和集团），以及"寄人""神人"（属于自己居住地的领主之外的权门寺社，为其从事杂务的人）等。镰仓幕府的首长被敬称为镰仓殿，与他形成主从关系的"家人"，承担着守护国家这种幕府的公共职责。称呼他们时就特别加入"御"字，即御家人。

侍 ≠ 武士

出身、职业、归属这三种身份系列，以带有强烈的国家意志的出身身份为中心，大概都是相互对应的。比如，文士和武士的出身身份几乎都是侍，其最上层由下级贵族组成。武士以武艺，文士以文艺侍奉权门家族。所以不管是在当时还是后来，侍并不全是武士。侍虽是出身身份，但这个名称是从さぶらふ（saburau，指在贵人或者上级领导身边一直待机守护）的名词形式さぶらひ（saburai）演变而来的。从侍奉的意思来说，侍也是归属身份。镰仓幕府的御家人是服侍和侍奉镰仓殿的归属身份；从出身身份来说是侍；从职业身份来说，大部分是武士，一小部分是文士。农人、浦人、山人与各种手工业者，从出身身份来说是百姓或者"凡下"。正如存在非武士的侍，也存在非常多的不是农民的百姓。这点是需要注意的。

19

作为家业的艺能

让我们回到艺能的话题。如前所述，艺能有被特定的"家"继承的倾向，这种情况下，艺能作为家业由子孙们传承下去。技术和技能虽然是知识的一种，但其作为家业和家职，特权地、命中注定地、因袭性地固定在特定的"家"中。这是因为前近代的技术基本是和人的身体一体化的知识，是经验性的东西。

在近代社会，知识从活生生的人身上分离出来（即成为客观的知识），通过学校、教师和教科书，被集团性、系统性地教授。前近代社会则与其不同，通过人与人的身体和五感，就事论事地、非系统性地、忘我地被传授与习得。用脑记住的知识（knowledge）和用身体掌握的技术（skill）虽有不同，但当时对知识的需求比近代要少很多，所以要培养技术的承担者，这种传授模式已经足够了。

另外，站在艺人的角度来看，作为职业人，为了保住自己的立场，一般会在一部分人或者家系之内独占技术，不愿意将其公开，这就让技术变得带有封闭性和秘密主义。正如现代歌舞伎的世界一样，继承者从小就在相应的环境中接受熏陶，接受培养，这是家业积极的一面。但这种传统会成为束缚，有时会成为阻碍人格多面发展和技术进步的要因。另外，世袭是从一开始就决定了继承者，由于不存在竞争，技术水平就难免降低。为了解决这个问题，日本从平安时代起，就在法律上认可不让能力较差的亲生儿子继承"家"，而让养子（包含异姓养子）来继承家业的行为。

兵之家

这样一来，武士不又仅是通过"武"这种艺（技术）将自己和他人区别开来的社会群体，还必须是被称作"兵（tuwamono）之家""武艺之家""武器之家"等以武艺为家业的特定家世的出身者。11 世纪代表性的武士、河内源氏一族的赖义就"出身于代代武勇之家"（『続本朝往生伝』）。镰仓初期成立的《澄宪作文集》把"武者"解释为"身既勇士，家亦武勇"，《普通唱导集》也将"武士"解释为"生于武勇之家，从一开始就认真修行此艺，从事弓箭之道，内心认为自己已经熟习该艺能"的人。接下来的南北朝还出现了这种说法："积累数代，弓箭之家业越发强大，展示武勇之威风。"家业的"业"一般指谋生的职业，而平安末期的汉字、汉语读法集大成之作《类聚名义抄》列举了"业"的训读有"nariwai""tsutomu""michi"等。所以，以武艺为家业就意味着在从事家族谋生的职业的同时，还要承担家族的责任，将"兵之道"作为"家"之道。

21

　　单是个人擅长武艺的话，还不是武士。要成为武士，就要出生于"兵之家"，最好还是"继承家业之兵"（『今昔物语』卷二五第七，等等）。《续本朝往生传》说，一条天皇（986～1011 年在位）时期，各行人才辈出，武士中列举了源满仲、源满正（政）、平维衡、平致赖、源赖光这五人的名字。他们才是兵中之兵，是那个时代的代表性武士，典型的"继承家业之兵"。据说，满仲之子赖信对其主君——藤原道长的长子赖通说道："我有三子，请您将长子赖义当作武者来使唤，让次子赖清担任藏人（在天皇身边处理宫中所有事务和活动的藏人所的职员），字（真名之外的名，亦指别称）音羽入道的三子是不中用的。"（『中外抄』）对于赖信来说，只有赖义是"继承家业之兵"，别的儿子都不配做武士。

何为武士的武艺？

　　想必大家都已经理解了武士是艺人，即以武艺为家业的特定家世的出身者。那么接下来我们来谈武艺的内容。在平安和镰仓时期，武士的战技并不是说只要能击毙敌人就可以了。

　　《新猿乐记》据说是 11 世纪的著名学者藤原明衡晚年的作品。它以居住在平安京右京的右卫门尉一家在某天夜里前去观赏猿乐的角度，用教科书式的风格列举了大量男女的职业和生活状态，描绘了社会的一个剖面，是平安文学史上特别值得关注的作品。其中就有"天下第一武者"的出场。据记载，这名"字元，名勋藤次"的武者乃"合战、夜讨①、驰射、待射、照射②、步射、骑射、笠悬③、流镝马④、八的⑤、三三九⑥、手挟⑦等上手也"，可知他擅长弓箭，特别是骑马射箭的功夫十分了得。从《新猿乐记》这部作品的特点来看，勋藤次并不是实际存在的人物，而是作者创作出来的理想化武士。但由此可知，当时出类拔萃的武士必须精通某一技能。

23

从《新猿乐记》的语境来看，驰射和待射、骑射和步射是对应的。待射指静态地迎击敌人（猎物），与此相对，驰射指动态地、骑着马奔驰射杀敌人。步射指徒步站立状态下的射击，而骑射指骑在马上的射术，和成书于10世纪的日本最早的分类汉和辞典《和名抄》中的"马射"是一个意思。驰射和骑射在内容上有重合，但前者

---

① 夜袭。（对此处的引用，译者只对在下一段正文中没有说明的专有名词进行解释。）
② 猎人夜晚在山中打猎时，点起篝火或者火把，让鹿的眼睛因火光的反射而发光。猎人便以反光的鹿眼为靶子将鹿射杀。
③ 骑马射斗笠，是一种射箭技艺。
④ 骑射比武。骑马边跑边依次用三支响箭去射靶。
⑤ 骑射的一种。靶子被设置在八个地方。
⑥ 指"流镝马"的靶子。
⑦ 骑射的靶子的一种。双手拿箭，一支箭立在箭台上，再掷出剩下的三支箭。

训读为 "omonoiru"（『和名抄』），所以是指在战场或狩猎场上，从敌人后方追赶射箭的"追物射"技术。"骑射"中的"骑"指的是跨坐在马上，所以骑射是个总称，指骑在静止或者移动的马上的射术。《新猿乐记》接下来列举了笠悬和流镝马等马场上的竞技，所以骑射不仅包括战场上的射术，还包括马场上瞄准靶子的竞技之艺。前九年合战（参照第 63 页）中的源义家，"强勇过于常人，骑射技术如神一般。在白刃中穿梭，突破重重包围，来到贼兵的侧面，把巨大的镝矢搭在弓弦上，接连不断地射向贼军。箭无虚发，敌人应声而倒"，这便是描写战场的例子（『陸奥話記』）。

马和身份

古代和中世的武士被称作"弓马之士"，武艺被称作"弓马之艺"。武士必须是骑乘之士。但在日本，并不是谁都被允许骑马的。在律令制下，骑马是有官位的官吏的权利和义务。在日本效仿的中国隋朝和唐朝，作为统治者的贵族和官僚全部是骑马的。说起贵族，想必大家都会想起中流以上阶层才被允许乘坐的牛车等。贵族乘车的习惯是受中国的影响，从 9 世纪以后才变得正式起来，并不是说上流贵族乘坐了牛车，就不再有骑马的习惯了。因为天皇行幸时，骑马扈从是贵族们的义务。连最上层的贵族藤原道长也是骑马的名手，据说长和二年（1013）十二月，三条天皇前往贺茂行幸时，有匹"名声在外的马，性情暴躁"，而道长却能熟练地驾驭它（『大鏡』太政大臣道長上）。

马代表着荣誉、身份、权威，特别是对于王侯和战士来说。跨坐在大型动物之上的行为，以及从马背上获得的开阔视野，都让骑马者情绪高昂。此外，马还是神经质的动物，饲养起来需要耗费很多工夫和资金，要想顺利地驾驭它，人和马都需要长期的训练。这些条件对于一般人来说都是相当困难的。马是"贵族的动物"（勒鲁瓦·拉迪里），正因为如此，它是能给人带来社会威信的财物。

镰仓幕府也受到古代对骑马资格的规定的影响。给各家从事杂务的杂色（下级用人）、给幕府从事杂务的下级职员和下人，以及各种各样的手工业者，即被称作百姓和凡下的一般民众是被禁止在镰仓市中骑马的。与此相对，大部分御家人是侍的身份，其中一小部分还是下级贵族，25所以当然有骑马资格。

骑马的郎等和徒步的侍者

骑马的武士不会单独行动。平时会有童（被使唤的男童，或者打扮成童子的年龄差不多的卑贱侍者）和杂色等徒步的随从牵马跟随，在战场上则有骑马的武装郎等（在武士社会中，和主人没有血缘关系的侍者，后世的史料里写作郎党），以及被称作乘替的、替主人看守备用马的从者待命（第三章将会对此再次说明）。从随从这一角度来说，郎等与童、杂色一样，但童和杂色是身份低下的、徒步行走的随从，也就是所谓的战场上的劳动者而已。而郎等则被当作心腹，被允许骑马作战。

《将门记》记载，将门的叔父良兼与其敌对，他这样劝说将门的下人丈部子春丸成为自己的内应："如果你真的使用计谋帮我把将门杀了，我就让你从沉重的装卸作业中解放出来，一定扶持你成为骑马的郎等。"田中本《义经记》中也记录了秀衡对义经说的一段话："这小子没被允许骑马，但他在关键时刻一定能派上用场，请你准许他骑马吧！"于是义经就准许那名下人骑马了（卷八）。这些都是将杂色和下人（shimobe）提拔为能骑马的郎等的场面。正因为骑马意味着破格获得社会地位和名过其实的荣誉，所以能提高他们的忠心，激起他们战斗的欲望。从这点来说，这些被允许骑马的郎等要么是侍的身份，要么位于侍和百姓、凡下之间的灰色区域。

另外，明治四年（1871）四月十七日，明治政府允许平民（明治二年设定的族籍之一，相当于江户时代的农、工、商。参照第216页）骑马（『明治天皇纪』）。这是因为在前一年的十二月，京都府请愿：平民原本是被禁止骑马的，但是不仅居住在日本的外国商人能够自由骑马，而且最近各藩也出现了允许平民骑马的地方，京都府也想允许管辖区域之内的平民骑马，望批准。到近代为止，一般民众都没有被正式地赋予骑马资格。

2 武士的诞生史

武士是何时诞生的？

把武士理解为艺人的这种新见解已经在学界得到承认。但关于武士是因何种契机、在何时、怎样产生的这个问题，除了笔者之外没有别的研究者提出新的看法。武士等于艺人这个学说并没能影响到武士的产生论。就连继承了武士即艺人学说的学者，也有很多笼统地认为武士是产生于地方农村的；还有学者强硬地主张，武士是在平安中期以国守为中心形成的国衙（衙指机关，也就是国司的机关）军制的基础上产生的。这种状况直到今日也没有太大改变，总体来说，地方起源说依旧维持着影响力。

其实，武士这个用语早就出现在奈良时代养老五年（721）元正天皇的诏书中，这本身并不是什么新的发现。然而，人们并没有将这里出现的武士理解为中世武士的先

27

驱。这是因为大家受到先入为主的观念的束缚，即把武士看作产生于平安中期的在地领主（在中世，支配在地方的农山渔村直接从事生产的人的领主层。参照第94页之后的内容）武装起来的产物。

成为问题关键的诏书里写道："文人武士，国家所重。医卜方术，古今斯崇。宜擢于百僚之内，优游学业，堪为师范者，特加赏赐，劝励后生。""武艺"的四人和"明经（精通儒教的古典）""明法（通晓法律）""文章（学习中国的史学和文学，练习写作）""算术""阴阳""医术""解工（解释工匠与土木的技术）""和琴""唱歌"等各种专家并列，获得当时的赏赐（『続日本紀』同年正月二十七日条）。同样的史实在宝龟二年（771）也发生过。"赐亲王以下、五位以上丝"，接下来，"明经、文章、音博士（教授汉字读法的人）、明法、算术、医术、阴阳、天文、历术（制作历书的人）、货殖（擅长经济活动的人）、恪勤（勤奋工作的人）、工巧、武士，总五十五人，赐丝人十絇"（『続日本紀』同年十一月二十四日条）。

28　　　律令制下的官僚组织如下：多面手的上流文官贵族在顶点，其下是某个领域的专家组成的中下级贵族，更下一层是技术官人集团。这与日本现在的情况是一样的：通过1类国家公务员录用考试的职业官僚中，以"法律"职位为代表的多面手事务官在晋升中明显比"理工"系技术官僚具有很大优势。官人即公务员，是律令制机关中就任从初位到六位官职之人（也就是说还未达到贵族的级别）的总称。上级武官（近卫府的将官等）基本是由上级文官贵族兼任的，也包含一部分作为武的专家升任到五位以上的武士。

对于律令国家的武士来说，"马射之道，于武尤要"（『類聚国史』卷七三歲時天長元年三月二十六日条），"便习弓马，尤善骑射"（『三代実録』仁和三年八月七日条），和后世一样，他们武艺的第一项就是骑射和驰射之术。更进一步说，正如中世武士的家系被称作"武器之家""武艺之家"一样，我们可以知道，在古代也存在以武艺和兵事为家业的特定家族，并且他们得到了社会认同。

古代的武士之家

坂上田村麻吕是奈良末期到平安初期的有名武将，他作为征夷大将军，有平定东北虾夷之功。他的父亲刈田麻吕凭借惠美押胜之乱（764 年）时的战功，以及告发觊觎皇位的弓削道镜的功绩等，晋升为上流贵族（从三位），其"家世事弓马，善驰射"（『続日本紀』延暦五年正月七日条）。田村麻吕也是"家世尚武，调鹰相马，子孙传业，相次不绝"（『日本後紀』弘仁二年五月二十三日条），据说田村麻吕弟弟的孙子（泷守）为"坂氏之先祖，世传将种，泷守武略，不坠家风"（『三代実録』元慶五年——月九日条）。

除此之外，9 世纪的纪田上"家业武艺"（『類聚国史』卷六六薨卒天长二年四月一三日条），大野真雄、真鹰"父子武家，而同此行迹"（『続日本後紀』承和十年二月三日条），小野春风"累代将家，骁勇超人"（『藤原保则伝』），等等。

后世形成的正式的"家"的特征在于家族的持久性，在没有合适的子嗣时，就算领取养子也要让"家业"得到继承。而上面提到的"家"虽然已经发生变化，但大体上还在氏的阶段，没到达正式的"家"的程度。氏是依靠拥有共同始祖（人或神）的信仰为媒介而结合的集团（中央豪族组织）；与此相对，"家"是以子承父业为原理组成的。

30　　在日本古代的亲族组织中，重视父系、母系双方（bi-lateral）的家族形成了社会的基本单位，而统治阶层以这种家族为基础，又形成了以祖先为起点的父系一脉（lineal）的氏，其代表者（氏上）从旁系亲属之中（兄弟及其子孙）选出。因为后来的律令国家引进了嫡子制度，所以统治阶层内部的基本原理变成了位阶和财产由父亲传承给儿子，特别会优先传给长子。这种比氏更小的"家"就在这样的政治环境中被创造出来了。奈良时代以后，这种原理逐渐渗透社会，还经历了一个漫长的过程。坂上氏等人所说的"子孙传业，相次不绝"，正体现了这种状况。

初期的武士

除了已经列举的例子，在源平武士出场的 10 世纪以前，我们可以在各种文献中零零散散地看到"武士""武艺之士"这些词。奈良时代的著名文人、官至右大臣的吉备真备的家训书中有一节是："武夫则贯习弓马，文士则讲义经书"（『私教类聚』）。"武夫"和"武士"一样在日语中读作 mononofu，"贯习弓马"便是"弓马之士"。说起"弓马之士"，有这样一个例子。平安前期的文人贵族小野篁年轻时，身为著名文人岑守之子却不认真求学，于是嵯峨天皇感叹道："既为其人之子，何还为弓马之士乎。"（『文德实录』仁寿二年十二月二十二日条）《文德实录》还记载，纪最尝乃"武艺之士，膂力过人，登高涉深，轻捷少偶"（『文德実録』仁寿二年二月二十七日条）。

从这些用例可知，初期的"武士"一词，首先是用作与文人和文士相对的概念。其次，它是对守卫皇居的卫府武官中特定人群的称呼（关于武官，请参照第 36 页之后的内容）。被称作"传将种""世世代代的武将世家""以武艺为业之家"等的人们，属于活跃在 9 世纪的坂上、小野、纪氏等近卫府（守卫皇居，在仪式中携带仪式用的武器，维护会场庄严氛围，在天皇行幸时负责供奉①和警卫的武官机构。长官是大将，次官是中将、少将）将官家系。笔者将其称为武官系武士。

由此可以认为，武士不是在平安中期以后，而是在奈良时代，更慎重地说在平安前期就已经存在了。编纂于镰仓初期的《二中历》，是一本网罗了贵族必需知识并将其分类的书。其最终卷的"第十三"列举了至 11 世纪后半叶为止的三十二位著名"武者"的名字。我们可以将"武者"理解为等同于武士的概念。其中，在源平武士出场之前的"武者"有坂上田村麻吕、文室绵麻吕、坂上苅田麻吕、藤原利仁，还有"中藤监贞兼""六藤监"等六位不知道真实姓名的武者。

文室绵麻吕在弘仁二年（811）成为征夷将军，是有平定东北虾夷之功的武将。藤原利仁是 9 世纪后半期到 10 世纪前半期的人物。他在芥川龙之介的《芋粥》中出场，拐骗了一个想尽情喝芋粥的、住在京都的穷困的五位

32

---

① 在行幸和祭祀等仪式上为神佛献上供品的行为。

贵族到敦贺（这个故事的典故出自『今昔物語集』卷二十六第十七）。芥川聚焦的是利仁的豪宅及利仁的富豪举动，但他实际上作为武人更为出名。他通常被冠以"将军"之名，被称作"利仁将军"。这是因为在谱系图、说话文学中，他是作为镇守府将军、征新罗将军出现的。

由上可知，平安时代和镰仓时代的人把田村麻吕和藤原利仁看作武士。他们并不认为古代和平安前期以前的武士和中世的武将之间有本质的区别。

单靠武装不算武士

说到底，为什么会产生武士这种身份？我们从原理上来思考一下。

在近现代社会，解决纷争和维持社会秩序所需要的实力行使（物理性的强制力，简而言之就是暴力）通常是由国家独占的。所以，除了美国，其他国家只有军人和警察等才被允许携带武器。平时主要由警察维持秩序，事态无法控制时，就会出动军队维持治安。然而在前近代社会，"自力救济"（当自己或者自己所属集团的权利受到侵害时，不通过法定的程序，而是通过实力去恢复和行使权利）是解决各种纠纷时最常用的手段，其极致就是使用武力，当对方也用武力对抗时就会演变成私战。

正如近年的日本史学界明确揭示的那样，单从平日嗜武、用武力解决纷争这一点来看，从王朝贵族到居住在地方的普通百姓的大大小小的事件中都有体现。笔者在第二章也会讲到，大众所熟悉的上缴武器、手无寸铁的民众形象是不符合史实的。所以，单单凭借武装的事实和高强的武艺，还不能说是武士的诞生，更不能说武士的身份得到了公认。

石井进在 20 世纪 50 年代末到 21 世纪初引领了中世史研究，在武士研究领域也是前辈之一。关于地方各国国内武士的组织过程和武士身份的认知方法，他提出了以下观点：交替到国司的馆出仕，从事宿直等勤务；在国守主办的大规模狩猎活动中被动员；参加在各国的一宫（各国中有渊源的、深受人们信仰的神社，在该国位处第一）举行的骑射比武等军事性仪式；等等。

我不知道石井氏自身是否意识到，他的观点暗示在合理的存在身份通过合理的方式被认知之前，他们还不是武士，只是武艺超群的人罢了。这提出了一个武士研究史上里程碑式的问题。让笔者来说的话，武士论的核心在于，谁在何种情况下，以何种目的，被怎样的人（家系）公然赋予携带武器和使用武力的权力，并得到社会承认。缺乏这种意识的武士论，就还不足以被称为武士论。

抑制过度的自力救济

日常性的反复的自力救济，若是过度了会怎样？秩序大乱，产生社会危机，人们陷入不安。前近代的国家是脆弱的。特别在分权的中世，国家渺小，非常无力。在非常习惯了中央集权的现代人眼里，中世看起来就像无政府状态吧。这种情况下，地域或者某个限定的场所中的秩序是依靠该地域和该场所的各种私人（有势力的人、头面人物）或者集团的力量来维持的，并且处于不稳定且宽松的状态。

但是，如果纷争当事人的实力行使逐步升级到无法控制的地步，如果处理纷争的私人或集团在维持秩序时偏袒某一方而有失公平，或者把纷争看作自己谋利的机会，事件就会复杂化和长期化。这种情况下，国家尽管弱小但有必要不让整个社会陷入危机，从普遍利益（公共性）的立场出发，将那些暴力和偏颇，以及对私利的追求控制在某种程度上。在阶级社会，秩序的维持和社会的平稳有利于现行体制的延续和稳定，所以，这也是统治阶层特殊的、对个别利益的追求。因此，武士大体上可以说是存在于体制内的。

秩序的混乱不一定是从社会内部产生的。与别国及外部势力的摩擦和来自对方的威胁也是重要原因。在面对内外危机之时，就需要那些能用武力起到抑制和防卫作用的人。这正是武士被需要的理由。

换句话说，如果要让带有人身伤害的物理性的实力行使被认定为不得已之措施或值得赞赏的行为，就需要一种"大义名分"，即排除来自他者的威胁，有助于社会整体

35

的稳定和秩序的维持。若非如此，那就只是犯罪和杀人行为。正因为武士被赋予了这样的任务，他们的武装才被承认，发动武力和伤害他人的行为才得到认可。

禁止自由兵仗

在律令社会里，人们在都城及其周边是绝对不能自由携带武器、胡作非为的。天平胜宝九年（757），孝谦天皇的敕诏里写道："除武官以外，不得京里持兵，前已禁断，然犹不止，宜告所司（即弹正台，是纠正京内违法行为、整肃官人纲纪的部门）固加禁断。"（『続日本紀』同年六月九日条）像这样在公共场合被允许携带武器的，除了上层的文官贵族外，就只有武官了。

所谓武官，指的是在律令制下与五个卫府和诸国军团相关的官人，也包括马寮（负责训练和饲养从朝廷和诸国的牧场进贡的官马的机关）和兵库寮（管理收纳兵器的仓库的机关）等处携带武器的官人。军团制原本是将百姓中被征召的男子训练为兵士的制度，到奈良末期，除边境地区以外，其他地区的军团制全被废除了。卫府主要是负责宫城各门的守卫、天皇身边的警卫和军事性礼仪任务的军事和警察官厅。五卫府从平安初期以来，被改编或重组成左右近卫府、左右兵卫府、左右卫门府这六个机构，被称作六卫府。

　　近卫、兵卫、卫门各府分别负责天皇居住的内里（御所、皇居、禁里、禁中）内围（内郭）、外围（外墙）、大内里〔设置了以内里为中心，在其周围处理政务和举行仪式的八省院（朝堂院）和各个官厅的一角〕内部的警卫。在平安初期，出现了律令制里没有的检非违使。检非违使厅原本是卫门府官人兼任的助勤机构，后来吸收了京职（负责京城的行政事务的官厅）、弹正台、卫府、刑部省（负责裁判和行刑的官厅）等的功能而扩大，还承担了平安京的治安维持和公共卫生维护等民政功能。

　　无论古今，首都都是统合全国的人与物的要地。为了实现这个功能，平安京遍布政治、经济、宗教、教育等各种机关，以及直接或者间接运营这些机关的人，还有支撑这些活动的各种设施。各类机关和设施能多大程度地安定、有效地发挥这些功能，直接关系到王权的兴衰。

　　但实际上，在平安京，由于强盗和纵火，治安愈加恶化；再加上官厅和权势贵族家族各行其是，他们之间存在政治上、感情上的对立，受此影响，各方雇用的人和家臣之间也有很多对立和争斗，不断报复彼此。王权和国家为了发挥自己的机能，就必须尽力抑制这些现象，确保首都地区的和平。

　　禁止武官之外的人携带武器，叫作禁止自由兵仗。实际上，因为使用武器的自力救济的现象横行，就算恭维地说，也很难说这个禁令发挥了实际效果。但是，这个禁令本身一直持续到后世。平安中期以后，朝廷不时发布的成文法都反复禁止非武官者在京中携带武器，特别是弓箭这种比刀剑攻击力还大的、当时的主流兵器。下一节将会讲到源平武士，他们在 10 世纪后半期出场，是当时的一种例外，属于武官之外的武。但禁止自由兵仗这种场面话一直留存下来。他们为了不触犯这个规定，可能会选择担任卫府的尉（三等官），而由此升任非武官的职位时，则需要单独的许可。

38　　举一个单独许可的例子。在经常举行的集中搜索、逮捕京城盗贼的活动"大索"中，除了卫府的官人，源平武士也会参加。这事实上是白天进行的大规模的仪式，参加的源平武士奉命携带弓箭，从马寮分得马匹。虽说是仪式，但并非只有形式而没有实效性。宫中盗贼猖狂，京中多发纵火和强盗事件。在政治、社会的威信和秩序如此显著受损之时，比起老老实实地努力一个一个地逮捕犯人，倒不如用看得见的、引人注目的集中逮捕的演出形式，展现当权者对防治盗窃的决心。这对安定人心有着更大的效果。源平武士参加这种大型野外剧的最大意义在于，向大众宣布源平武士才是负责维持治安之人，让人们记住他们是强壮勇敢之士的精锐和代表。

武士身份和王权

因为武士以维持国家和社会的秩序为目的，认定他们的身份以及发动武力的正当性的人，当然也是负责社会全体的安定和安全的人和机关。在前近代，这个特别的人就是从理念上代表国家和社会的王（天皇）。

石井进认为，在地方的国衙，将擅长武艺的人认定为武士的是身为一国之长的守。他之所以能够行使这个权力，是因为他是天皇在地方的正统代理人，也承担着维持自己 39 辖区内治安的任务。如果说是王权让武士得以成为武士，那么这个逻辑可以归结为，武士并非诞生于地方农村，而是首先诞生于王权的周围以及朝廷之膝下，即都城。地方国衙对武士的认定只是其延伸，是其地方版。因为中央和地方是上下级的关系，都城的武士在身份和威信上都压过地方的武士，他们的武艺流派、武装样式及体系作为权威影响到了地方，大体上被地方全盘授受。

东北和九州的威胁

被看作代表社会全体的普遍利益（公共性）的王权（天皇为其化身），首先将守护自己和维持都城治安的任务交给包括武士在内的卫府武官等。虽然说王权的稳定与都城的和平必须推广至整个日本，但对于列岛社会的安全和稳定来说，厘清国家领土之外延，即和外部势力相接的地点尤为重要。延喜四年（914），正如学者三善清行所述，"臣伏见，陆奥、出羽两国，动有虾夷之乱；大宰管内九国，常有新罗之警"（『意见十二箇条』），奥羽地区和大宰府、壹岐、对马地区出现了现实中的或者假想的危险和压力。为此，武士主要被部署在都城，以及奥羽、大宰府等国家的边缘地区，必要时被派遣到国内各领国。

40　　奈良时代的宝龟五年（774），朝廷开始在东北地区讨伐虾夷，战争一直持续到弘仁二年（811），近年来被称作"东北三十八年战争"。这场战争被划分为四个时期，在第三个时期的延历二十年（801），坂上田村麻吕作为征夷大将军出征，讨伐夷贼（虾夷）。延历二十四年（805），征夷虽然中止，但在第四个时期的弘仁二年，文室绵麻吕征伐币伊村（现岩手县东部的广大地区），还设置了和贺、稗贯、斯（志）波这"斯波三郡"（现岩手县西南部，参照第 64 页图 2-1）。

至此，有组织的虾夷讨伐战争结束，朝廷开始努力推行新的虾夷政策。律令国家将军队从北方的"斯波三郡"撤走，集中部署在镇守府的胆泽城［现岩手县奥州市，延历二十一年从多贺城（现宫城县多贺城市）迁至此］。镇守府是为了压制虾夷而设置的机构，其长官刚开始是镇守将军，后来变成了镇守府将军。随着机构的改编和整备，镇守府转换成支配陆奥国北半部分的行政机关（南半部分由国府多贺域支配）。陆奥的北半部分是指"斯波三郡"加上岩（磐）井、江刺、胆泽这"胆泽三郡"（斯波三郡的南方地区），共六个郡。镇守府任用虾夷系豪族，利用他们对当地的影响力。后来被称作奥六郡（上述律令六郡加上北边的岩手郡，除去南边的岩井郡）的行政区域就这样诞生了。

被任命为镇守府将军的意义

但是，就算陆奥实施了新的体制，东北三十八年战争留下的后遗症，让这里仍然处于一触即发的危机状态。特别是从承和三年（836）到齐衡二年（855），陆奥的腹地几乎每年都发生俘虏（在朝廷支配下被同化的、和普通农民一起生活的虾夷人。同化程度低的被称作夷俘以作区别）的武装暴动和移民系居民的逃亡，常常不得不动员援兵来镇压。近卫府的上级官人中还有像坂上田村麻吕和文室绵麻吕这样熟知兵法，并有着在东北地区和虾夷人直接交战的经历，后来升任至近卫大将（长官）的人。他们的子孙中也有不少是武官系武士，升任至近卫少将（次官），并担任过陆奥国司或按察使（在奈良时代，兼任特定某领国的国司，监察邻近各国的行政；后来只有陆奥和出羽实际上保留了这个职位）或镇守府将军，镇压

41

虾夷。真奇怪，对于武官系武士来说，被任命为镇守府将军甚至意味着对他们武士身份的认可。

另一方面，在西边，8 世纪之后，新罗常常发生贵族和农民叛乱，受其影响，日本的一歧、对马和北九州都连续遭到新罗入侵。9 世纪，在讨伐并平定东国的夷虏（俘虏）叛乱，以及镇压出羽的夷俘叛乱时大展身手的武官被派往对马和博多。曾在东国取得战功的文室善友成为对马守，宽平六年（894），面对新罗的"大小船百艘，乘人二千五百人"的船队，"立盾，令调弩（带有扳机的机械构造的弓）"，吸引敌人靠近，然后用弓箭作战，获得大胜（『扶桑略記』同年九月五日条）。

3　武士的谱系与其延伸

武士史的各个阶段

我们整理一下到此为止的叙述，试着大致将截至中世前期的武士史划分为如下三个时期：

第一期，从平安前期到 11 世纪后半叶；

第二期，从白河上皇开始院政到爆发治承、寿永（源平）内乱；

第三期，镰仓幕府成立以后。

第一期和第二期的武士在守护王（天皇）的安全和首都（都城）的和平这点上基本是相通的。两者的不同在于，从数量和社会势力来看，第一期的武官系武士的存在是有限的，而在第二期，因得到王权扶持而壮大的中央权势武士，将出现在地方社会的武士和擅长武艺的人组织起来成为自己的随从。第三期武士在势力上超越了第二期，基本由在地领主层构成。尽管武士的首长是王权的守护者这点在表面上被继承了，但比起以前，他们相对于王权拥有很大程度的独立自主权，也给王权带来了威胁。对此，王权尝试将武家的首长收拢到自己一方。

对于第一期，还可以以 10 世纪 70 年代末为分界，将其分为前后两个阶段。在第一阶段，一部分武官和泷口（参考终章）被称作武士。前者是出身于纪、小野、坂上、文室等特定氏族的人。

7 世纪后半叶开始的律令体制也被评价为"军国体制"（早川庄八）。从天智天皇二年（663）日本在朝鲜白村江战败到延历十一年（792）之间，为防备唐或新罗的侵略，或者为出兵朝鲜扩充军备，日本建立军团制，这是一种动员全国兵力的体制。但是，进入 9 世纪之后，东亚的国际紧张局势已经过去，国内征讨虾夷的战争也告一段落，宫廷开始讴歌和平的到来。于是，"军国体制"瓦解消失，对武力的需求大幅度减少。唐风文化一下子流入，汉诗文受到重视，尊重文官的思想盛行。如此一来，武官系武士逐渐失去了立身之处，直至10世纪中叶，其中很多人都转型为文人。

44　　小野氏中诞生了奠定和式书法基础的小野道风，纪氏中诞生了奉敕编纂《古今和歌集》的纪贯之和纪友则。坂上氏则有田村麻吕的第四代孙坂上是则，他以《百人一首》里的"疑是凌晨月，冷冷放寒光。寂寂吉野里，一片白雪凉"① 这首和歌而闻名，转型成文士之"家"。11世纪中叶，坂上定成成了明法博士，他的儿子做了中原家的养子，坂上流的中原一系出现了一批又一批著名的法律学者，成了"博士之家"。

作为赐姓皇族的源平

第一期的第二阶段（摄关期），是赐姓皇族（源、平）中的武士家系以及其他若干家系（秀乡流藤原氏、大藏氏等）取代武官系武士的时期。所谓赐姓皇族，是指在桓武天皇统治时期的8世纪末，皇亲剧增，供养皇族的开支让国家财政压力大增，所以天皇赐予皇子、皇女（一世皇亲）氏名和姓（表示氏族的地位和政治序列的称呼，基本上是朝臣），将其降为臣籍（皇族原本没有氏名

---

① 〔日〕尾崎畅殃、〔日〕大坂泰选编《日本古诗一百首》，檀可译，外国文学出版社，1985，第50页。

和姓）。此后，给皇族赐姓的现象就非常频繁了。这时，被下赐的氏名是平和源等。源氏始于嵯峨天皇将其皇子降为臣籍，之后很多天皇的皇子、皇女乃至皇孙也被下赐此姓。嵯峨、清和、宇多、村上这几位天皇一脉的源氏非常著名，他们很多是宫廷贵族，其中一部分成为武士。

清和天皇的皇子贞纯亲王之子经基被赐予源姓，这一
脉被称为清和源氏，他们在平定天庆之乱（将门、纯友之乱）时发挥了一定的作用。自承平五年（935）以来，平将门在关东不停地和同族私斗，事态越发严重；天庆二年（939），将门突然袭击常陆国的国衙。后来，他接连将坂东各国置于自己的支配之下，还公然和朝廷对抗，但在第二年，被藤原秀乡击败身亡。另外，伊予掾（掾是国司的三等官）藤原纯友受命讨伐濑户内海的海贼。然而，天庆二年，纯友亲自率领海贼反抗朝廷，于天庆四年战败身亡。这是同时发生的、不相关的反叛事件。

前面提到的经基的子孙，作为武者发展壮大起来。经基的儿子满仲以摄津国多田（现兵库县川西市）为根据地。其长子赖光和有权有势的藤原道长关系紧密，巩固了自己在中央的地位，继承了多田的家业，成为摄津源氏之祖。经基的次子赖亲三度担任大和守，在与兴福寺对立的同时，还在该国培植势力，成为大和源氏之祖。经基的第三子赖信担任河内守之后，以该国石川郡（现大阪府羽

曳野市、富田林市等地）为中心巩固地盘，成为河内源
氏之祖。赖信一系的势力发展得最好，出了赖义及其子义
家、义光兄弟。义家之孙（一说曾孙）是义朝，义朝有赖
朝等儿子，其弟为义贤，而义贤之后有木曾义仲。新田和
足利两氏是义家之子义国的血脉。义光一系则出了常陆的
佐竹氏、甲斐的武田氏以及信浓的平贺氏（图1-2）。

46

清和天皇 —— 贞纯亲王

源经基 —— 满仲

满仲：赖光（摄津源氏）、赖亲（大和源氏）、赖信（河内源氏）

赖光 —— ○ —— ○ —— ○ —— 赖政

赖信 —— 赖义

赖义：义光、义家

义光：盛义、义清（武田）、义业（佐竹）

义家：为义※、义国、义亲

义国：义康（足利）、义重（新田）

义亲 —— 为义※

义清（武田）下：义贤 —— 义仲（木曾）

义业（佐竹）

为义 —— 义朝 —— 义经、赖朝

※关于为义的父亲，有义亲和义家两种说法

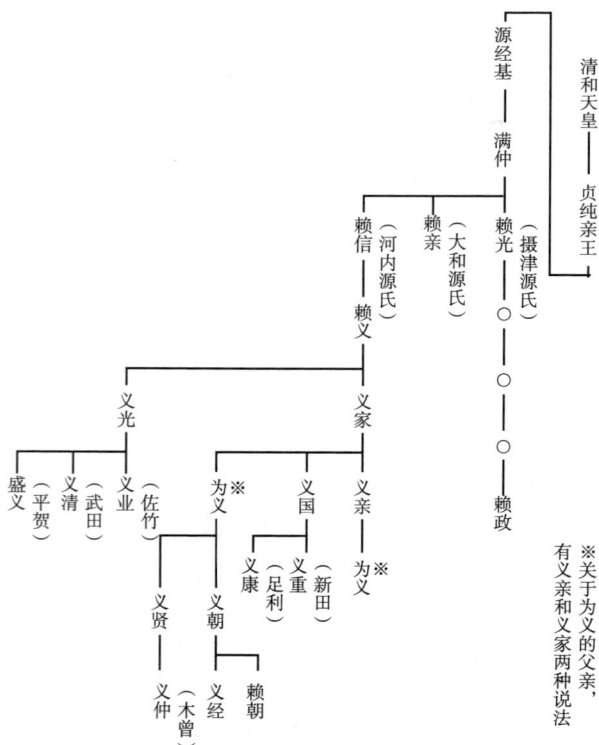

图1-2　清和源氏谱系略图

而平姓则始于桓武天皇的皇子葛原亲王的皇子和皇女
被赐姓。葛原亲王一脉大致可以分为高栋王流和以其弟高
见王之子高望为祖的两大支流。高栋流继续作为宫廷贵族
延续下去；而高望流起于宽平元年（889）高望王获赐平
姓，被任命为上总介（上总是以亲王为国守的令制国，
所以介是实质上的国守）。高望的子孙们在下总、常陆、
武藏等关东各地寻找根据地，而坂东平氏的各个支流就是
从他们的子孙中诞生的。在平清盛和源赖朝的时代作为御
家人声名远扬的千叶、上总、畠山、三浦、大庭、梶原等
家族就是其后代。高望的孙子是将门，将门的表兄弟是贞
盛（图1-3）。贞盛到中央出仕，被任命为左马允（马寮
的三等官），但因其父被将门杀死，贞盛便前往常陆，在
镇压叛乱中立了功。叛乱之后，其子维衡等人向伊势方面
发展。这一支流中后来出了清盛。

秀乡流藤原氏等

秀乡流藤原氏之祖藤原秀乡被任命为下野掾、下野押
领使（率兵镇压国内暴徒的临时官）。他和贞盛联手，一
下子就打败了将门，是平定将门之乱的最大功臣。秀乡
的儿子千晴凭借父亲的功劳进入中央，但因安和之变
（969年）而被检举、入狱，被流放到了隐岐。其弟千常
代替哥哥继承了秀乡流藤原氏的宗主权，其子孙也以根据

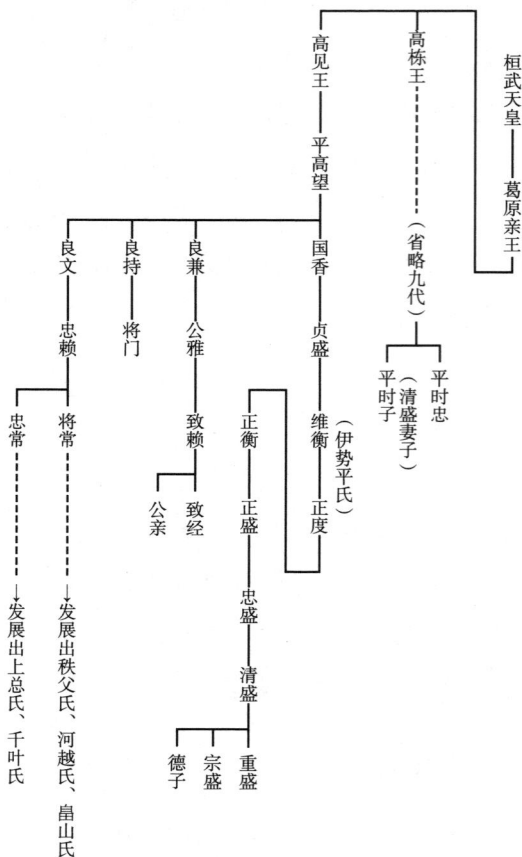

图 1-3　桓武平氏谱系略图

地下野的经济实力为背景出仕中央。下野小山氏就是出自
这一脉。

秀乡五世孙公修、公清兄弟成了左卫门尉之后，其子孙多被任命为左卫门尉，所以便将左卫门尉藤原简称为佐藤，并以之为姓。公修的子孙跟随奥州藤原氏移居陆奥国伊达郡信夫庄（现福岛市）。后来在屋岛合战中作为源义经的替身毙死的郎等佐藤继信便出于此流。公清的子孙中，以纪伊国为根据地的佐藤氏出了歌人西行。

大藏氏原先似乎是文士官人，但春实作为藤原纯友追讨使的主典（四等官），转战于濑户内海，在博多津打败纯友的军队。他是在镇压纯友之乱中最为大显身手的人物。之后，春实一脉成了大宰府当地的官员，九州豪族中的原田、秋月等家族自称是他的子孙。

军事贵族

源平二氏和秀乡流藤原氏因镇压叛乱有功，经基成了从五位下，贞盛成了从五位上，秀乡成了从四位下的贵族。他们的子孙后来基本都在五位这一位阶（有少数四位的例子），所以研究者们将他们称作军事贵族，以此强调他们也是贵族的一员，意欲打破将武士和贵族看作对立面的常识。源平军事贵族被形容为"精通武艺之辈"，在禁止自由兵仗暂时中断的 11 世纪初以后，他们开始大摇大摆地阔步前行。

50

　　他们的常规做法是，首先担任兵卫府、卫门府的三等官（尉），兼任检非违使，后来就当受领（国守的别称）。从这种经由武官的路径可知，他们有志继承近卫府的官人、武官系武士的武艺传统。重视弓箭是卫府的传统，流镝马等在马场上的马上射箭技能也产生于贵族社会。可以推测，源平军事贵族使用的弓箭、盔甲、大刀等武器和武具都是基于和虾夷战斗的经验而在都城制造的，近卫府的武官和武官系武士都参与了对其的改良。

诞生于贵族社会的武具

　　现存的平安末期、镰仓前期的盔甲遗物的样式都是一样的，几乎没有区别。笔者主张武士是诞生在都城的。对此，有批判的意见说，只倾向于都城的理解是不符合事实的，应该理解为武士产生于平安京和地方的相互交流中。笔者也考虑到了虾夷战争（陆奥）的影响，但是，其他地区的影响力如果真如其所说那么大的话，盔甲遗物中应该包含一些独特的、表现出各个地方的特色和个性的部分。

　　凭遗物判断，较为妥当的看法是，盔甲是作为王朝贵族文化的一部分来制作的。盔甲是正规的甲胄，从近卫府四等官以上的人所穿的骑兵两当式挂甲大幅改良而成（图 1 - 4、图 1 - 5）。

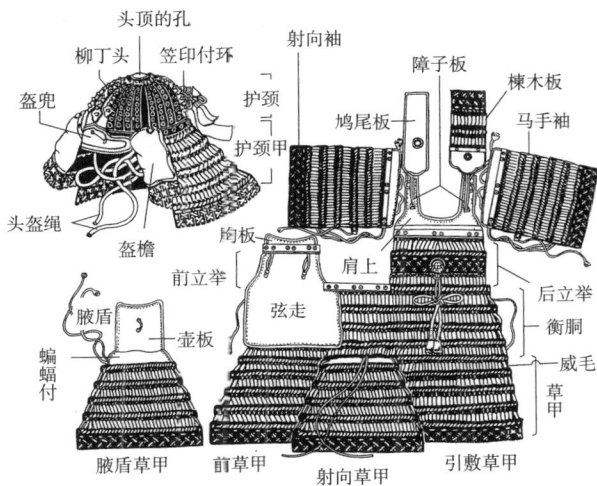

图 1 - 4　盔甲的各部分名称

（转载自鈴木敬三編集・解説『古典参考資料図集』

國學院高等学校、1988）

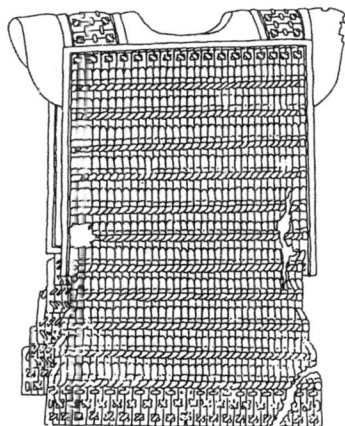

图 1 - 5　两当式挂甲

（制造盔甲的手工业者春田家所流传的图）

52　　　　美化装饰盔甲外观的威毛［将用盔甲主要材料牛皮
制成的小板（札）横向串起来，再将其上下部分连接起
来的柔软皮革或绳子一类］的色彩和图案反映了贵族社
会男女的装束的颜色，以及褂在重叠穿着时的配色之奇
妙。从画在弦走（为防止弓箭的弦勾到盔甲正面的札，
将胸部和腹部用染色皮革包起来的东西）上的图案可以
看出有职图案①的影响（图1-6）。除此之外，贴在叫金
具回的铁板表面的绘韦（染上图案的韦）的边缘是用叫
作小缘的缘韦接缝起来的。这种接缝的特殊技法叫作伏
组，从所用的丝绸捻线的颜色组合可以看出其反映了王朝
贵族服饰的色彩感觉。有一些遗物的铁板表面包着银铜板
和特殊的合金薄板，表面打磨光滑，如镜子一般。

图1-6　画在盔甲弦走的绘韦上的有职图案
（榉纹加鸟巢纹的例子）

---

① 平安时代以后，公家的服装、日用品和车辇等物品上描绘的传统
花纹。

从这些点来看，不得不说盔甲汇集了平安时代的工艺美术之精华。京都及其周边的手工专业集团所制造的盔甲，在设计和装饰上就不用说了，同时也具有极高的实用性，这只能是技术尤为先进的地区才能制造出来的。下面这则史料虽然是镰仓后期的，但也可以佐证上述观点。有人写信给六波罗探题金泽贞显，说京都的札很好，所以应当从京都定制盔甲。贞显称赞这人的判断明智，认为不管怎样应当先开始制造札，"正如之前所说，札应该做得又薄又轻。就算花费数月，也应该做成最高级的"（『金沢文庫古文書』——三四六号）。

武士的武器和武具之所以是贵族社会的产物，不单单是因为武士诞生于天皇身边和贵族社会，还因为武士是天皇和朝廷权力的"代表性具现"。"代表性具现"（尤尔根·哈贝马斯）是非常难懂、饶舌的说法，归根到底就是通过现存的事物让肉眼看不见的东西能被公开看见，让它出现在眼前。

换言之，大规模的犯罪和谋反就不用说了，当纠纷当事者的实力行使（自力救济）逐步升级到无法控制的局面，社会整体陷入危礼之时，天皇和朝廷就必须在普遍利益（公共性）的名义下，对其进行抑制和压制。那时，武士身着精美的大盔甲，骑着以贵族风格装饰的马，带着卫府的长刀，提着诞生于贵族社会的伏竹弓（在木弓的

53

外面贴上竹片的复合弓）——他们一出现，人们无法直接看到的朝廷意志就会以具体的形式展现在那里。从武士的角度来说，连他们随意的判断和行为都是朝廷意志的展现，很有分量。

另外，日本武士为何如此执着于对抑制私战貌似是无用之物的骑射和盔甲呢？这是因为在每个方面都有压倒性影响力的中国，5 世纪以后，为了对抗擅长骑射的狩猎、游牧民族，名将们都熟练地掌握了弓箭之术。他们在西边或者北边的战争中，身着相当于日本的两当式挂甲原型的骑兵裲裆甲，在步兵弩的保护之下展开骑射之战。在日本也一样，正如"弓马战斗，夷獠之生习，平民之十，不能敌其一"（『続日本後紀』承和四年二月八日条）所述，盔甲是为了和擅长骑射的虾夷人交锋的必要武装，而骑射是必须熟练掌握的战技。

平氏在关东"定居"

上述展开得有些多了，我们把时间调回天庆之乱发生时的半个世纪以前。如前所述，9 世纪末以后，桓武平氏高望流将根据地定在了东国。这是为什么呢？

其实，在 9 世纪后半叶到 9 世纪末，东国频频发生反国衙斗争，主要是一些叫作"群党（盗）"的集团欠交租税，抵抗国司。作为镇压一方的国衙的军事机构陷入瘫痪状态。贞观三年（861），武藏国"以凶猾成党，群盗满山"，故"每郡置检非违使一人"（『三代实録』同年十一月十六日条）。贞观九年，天皇下令在上总国也设置检非违使，看来那里的情况也和武藏国一样吧。

构成群党的要素之一是被律令国家强制迁移到东国居住的俘虏（虾夷）。上总国在贞观十二年和元庆七年（883）接连发生了俘虏的叛乱。统治阶层是这样描述前者的："彼国夷俘等，犹挟野心，未染华风，或行火烧民室，或持兵掠人财物。"可以想象俘虏们为了保护自己的生活习惯，不丧失自立之骄傲而果敢蜂起的样子，但国家一方认为"凡群盗之徒，自此而起"（『三代实録』同年十二月二日条）。

在这样的情况下，"群党＝俘虏＝虾夷"的等式就很容易成立了。负责压制虾夷的是镇守府将军。甚至这个将军有可能是为了镇压东国的群党才被起用的。本来东国诸国对于律令国家来说就是给陆奥镇守府提供人力和物资的战略性基地兵站。没有东国的平稳就没有东北的安定。

将门的父亲良持（良将）担任过镇守府将军，实际上也有到陆奥赴任的迹象。在谱系上他的兄弟国香等人也有镇守府将军的头衔。由此可以假设，高望流平氏因为高望是上总介而被提拔，前去镇压起义的群党，结果就在上总、下总、常陆等地构建起自己的活动根据地。当时，国

司在任期到期之后就留在其驻在国，其背景也包含了上述
情况吧。

56　　　天庆之乱后不久，秀乡和贞盛都曾出任镇守府将军，
10 世纪 70 年代之后，镇守府将军由贞盛流平氏和秀乡流
藤原氏来担任也变成常态。虾夷既是武士的敌人，也成了
促进武士成长和发展的垫脚石。

武官系武士算不算武士？

武官系武士和军事贵族的不同之处在于，正如"将
种""武家""世世代代之将家"等称呼所示，前者在从
氏到"家"的过渡期间一直持续负责军事部门，但在
"兵之家"正式形成之前转型成为文士之"家"。与此相
对，后者连续性地发展成中世的武士之"家"。前者的家
族（氏族）还不算中世的"家"，前者的家系在中途转型
了。但凭这些史实就不承认之前的武士是武士的意见，笔
者是不能接受的。

为何不能接受？这些意见很多都将天庆之乱的胜利者
在政界出场的时刻，即 10 世纪 70 年代以后，看作武士的
诞生；而中世的"家"的成立还要从那往后推一百年，
即 11 世纪末的院政期。这种对"家"形成的过渡期的看
法跟笔者的观点大同小异。

在漫长的历史中，传承艺能的家系中断，抑或被其他

"家"取代的例子并不罕见。武家也是，镰仓的源氏将军
的直系传了三代就断绝了。开创室町幕府的足利氏，到了
战国时期，将军的本家和管领家斯波氏一族衰亡，分家中
今川、吉良两家也衰落了，在江户时代成了幕府的高家，
掌管礼仪和典礼。吉良氏这一"家"在赤穗事件中，因
义央（上野介）被杀而断绝。

驱逐了足利将军的织田信长与其嫡子信忠在本能寺之
变中被杀，信忠之子也在关原之战中因跟随石田一方而断
绝。次子信雄和信长的弟弟长益（有乐斋）虽然各自成
了小大名，但并没有得势。至于长益，东京的有乐町便是
因他而得名，他作为千利休茶道分支的知名度更高。丰臣
氏也是两代而亡。另一方面，丰臣和德川时代的大名中有
很多是在战国的战乱中发迹的，原本根本无人知晓。

资本主义也是一样，在繁荣期登场的资本家的子孙并
不是一直延续到今日的。企业也一样，经过不断的创业和
倒闭，其形态和内容都在变化，诞生了持股公司（holding
company，其典型例子就是战前的财阀本社）、集团企业、
跨国企业等，直至今日。所以，问题并不在于每个家系能
否持续，而在于是否有客观条件，能够让武士在核心人物
不断更替的情况下，从"氏"转变为"家"，并且扩大自
身的作用，作为一个整体实现再生产。首先说明这一点，
再讨论武士的形成会更好。

4 武力的暴走

武士的黑社会性质

58　　前面已经论述了国家层面所期待的武士的作用。他们在保护自己的权利（包括名誉和自尊心）这点上是自力救济的主体。既然武艺是伴随着杀生和伤害的、罪孽深重的危险艺能，那么武艺专业者的实力行使就会比其他人的实力行使更加惨烈和危险。

　　平高望的五世孙致经被称作"大箭的左卫门尉"，是非常优秀的武士。治安元年（1021），他和弟弟公亲在前一年杀害一个叫安行（姓不详）的东（春）宫坊（侍奉皇太子，负责其内政的机关）下级官员的罪行被发现了。致经因为某个事件对东宫坊的人怀恨在心。为了逮捕这两个逃亡的人，检非违使前往他们的根据地北伊势和尾张，搜索一番后，逮捕了两人的一个家臣，他疑似直接下手杀人。经过审问，这个人坦白的事情令人无比惊讶。他不仅杀害了安行，以前还奉公亲之命，杀了一个叫泷口信浓介的人，甚至奉致经之命潜伏了三天三夜，伺机杀害东宫坊的次官藤原惟宪，后者身份高贵，是藤原道长的亲信

59（『左経記』同年六月三日条）。我们甚至可以认为致经等

人养着一些职业杀手。

长和六年（1017）三月，清少纳言的兄弟清原致信在白天被"乘马之兵七八骑、步者十余人"的部队袭击，死于京都的居所。检非违使经过盘问，得知指挥袭击的人是大和源氏源赖亲的手下秦氏元，他奉主之命杀人。关于此事，道长在日记里记录了世人的评论："这赖亲杀人手法高超，多有耳闻。"（『御堂関白記』同年同月十一·十二·十五日条）被杀害的致信一方过去也曾杀害赖亲的手下当麻为赖（以下参照图1-7）。

这仅仅举了两个例子，毫无疑问，当时他们是杀人和暗杀的惯犯。他们与其手下常常惹起大规模的打斗和杀伤事件，因此，无论京口还是地方，社会的治安都极度恶化。著名的奈良、平安时代史研究者土田直镇将这称作"武士的黑社会性质"。

文官贵族的武艺

在文官贵族的家系中以武艺为荣的人也不稀奇。比如，清原致信的主人、11世纪初多情的恋爱歌人和泉式部的丈夫藤原保昌被评价为"并非出身于兵之家，（中略）却丝毫不输他们，胆大机敏，身手敏捷，判断力出色"（『今昔物語集』卷二十五第七）。他的弟弟保辅在《尊卑分脉》（14世纪完成编纂，是各类谱系中最值得信

60

赖的）中被记为"强盗张本，本朝第一武略，蒙追讨宣旨事十五度，后禁狱自害"。他们的姐妹和军事贵族源满仲结婚，生了赖亲与赖信（图 1 - 7）。

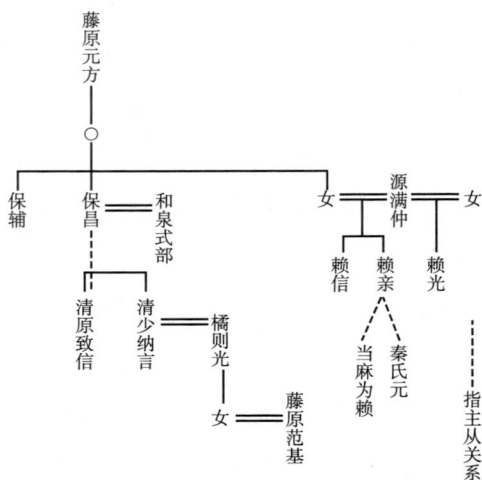

图 1 - 7　藤原保昌等人与源满仲等人的关系

《今昔物语集》提到的"并非出身于兵之家"，但被称颂勇敢且武艺高强的还有醍醐源氏的源章家（卷二十九第二十七）、光孝源氏的源公忠（卷二十七第十）、小野武古（卷十六第二十）、橘则光（卷二十三第十五）等人。保昌、章家、公忠和则光最后还晋升到了四位。橘则光和清少纳言做了十年以上的夫妻。保昌的祖父元方和则光的祖父好古分别晋升到了大纳言，后者被称赞为"名臣"(『二中歷』第一三)和"才干名誉"(『官職秘抄』下)。小野武古的父亲好古,在镇压藤原纯友的叛乱中起了很大作用,成为参议从三位的公卿。他们每一位都是身份高贵的贵族。

但是,当"兵之家"的"继承家业之兵"登场后,其他人的武勇有时候就会被指责为反社会的行为。藤原保昌后嗣不繁,所以有传闻说"因为他并不是兵之家",不是真正的武士但言行举止跟武士一样。万寿五年(1028),左卫门尉藤原范基杀了自己的随从。右大臣藤原实资谴责道:"范基好武艺,万人所不许,内外共非武者种胤",说其内(父系)和外(母系)都不是出身于武者之家(『小右記』同年七月二十四日条),正说明了这种社会规范的形成。顺带说一下,范基的妻子是橘则光的女儿。保昌和则光虽然不是兵,却极具兵之特性,和军事贵族只有一线之差。说起来,清少纳言和和泉式部都感慨过身边都是些危险的男人。

《徒然草》的作者吉田兼好说武是"远离人伦,和禽兽相似的行为",并断言"一旦嗜好,毫无益处",这是很久以后的事情了。兼好生活在镰仓末期的贵族社会,比起平安中期,当时的状况是"总体来说,很多公卿和殿上人,以及身份更高贵的人都好武"。兼好对此是反对的,很坦率地记下了对"不属武者之家的"武的厌恶

62

（『徒然草』八十段）。

平安时代以来，人们暂且追求一身之安稳，并没有追求武勇。至少人们认可的武勇是为了实现和保障安稳的，他们厌恶刻意为之的武勇和武勇的独断专行。

第二章　中世的武士和
近世的武士

1　平安末期的内乱与幕府

前九年、后三年合战

武士历史的第二期是从 11 世纪末开始的。早些时

候，清和源氏中最活跃的河内源氏发起了前九年、后三

年合战。前九年合战是陆奥守兼镇守府将军源赖义作为

镇守府的在厅官人（一般指在国司的厅，在此指在镇守

府工作、处理行政事务的官员，一般由当地豪族担当）

之首，讨伐掌管奥六郡（参照第 41 页）的安倍赖时与

其子贞任、宗任等人的战争。此战从永承六年（1051）

开始，断断续续地持续了十二年，直到康平五年

（1062）。赖义和义家父子一直陷于苦战，得到出羽国的
山北三郡（山本、平鹿、雄胜三郡，中心是在现秋田县
的横手盆地）的豪族清原武则的助战之后，战局终于好
转。赖义攻克了小松栅（大概在现岩手县一关市附近）
等安倍氏的据点，最终在厨川栅（现岩手县盛冈市）将
贞任等人打败（图2-1）。

图2-1　前九年、后三年合战关系图
方框内的陆奥、出羽部分即奥六郡、山北三郡

后三年合战从永保三年（1083）持续到宽治元年 　64
（1087）。清原氏在前九年合战之后，吞并了安倍氏控制
的奥六郡，成为奥羽最大的势力。而陆奥守源义家强行介
入清原氏的内讧，将其发展成义家、清衡联手对付家衡
（清衡同母异父的弟弟）的战争。因为遇到大雪，士兵们
也忍受着饥饿，战斗极其艰难。但义家等人最终还是攻下
了金泽栅（现秋田县横手市），获得了胜利。战乱过后，和
安倍氏有血缘关系的清原清衡用回了父亲的姓氏藤原，接
管了安倍、清原遗留的领地——陆奥的奥六郡和出羽的山
北三郡，扩张到了平泉，奠定了藤原氏四代繁荣的基础。

因为在这两次战争中，源氏率领关东武士转战各地，
所以有学者认为这是其在东国构筑势力的契机。但实际上
参战的关东武士只是少数，引导这两次战争取得胜利的真
正力量是清原氏。并且，因为后三年合战被认定为私战，　65
武士们并没有得到奖赏。有人说义家用自己的钱财回报了
将士们的功劳，但这只是明治以后为了称颂义家而创造出
来的传说罢了。在战乱结束后的第二年，朝廷任命别人做
了陆奥守，替换了任期未满的义家。这让意欲在奥州扩大
势力范围的河内源氏竹篮打水一场空。

院政的开始

从社会经济史的角度来说，武士历史的第二期是庄园

激增的时代。全国各地的庄园都在爆发性地增加，差不多国内一半的田地和山野河海都成了庄园。加上国守还在管理的公领（国衙领），从那之后的土地制度被称为庄园公领制。这促进了在地领主制的发展，地域社会也因此发生了巨大变化。在地领主们在庄园担任庄官，负责当地的管理和征收租税，在国衙则作为在厅官人，负责日常行政、治理国衙领，以及征收租税和国家的临时税，作为领主得到了发展。

在政治层面上，之前被包含在外戚藤原道长直系（御堂流）亲族关系中的天皇家族，独立成"家"（王家），与此联动，院政也开始了。也就是说，退位后的天皇（上皇，出家后则称为法皇。又被称为"院"），作为王家家长的治天之君（一般是幼小的现任天皇的父亲或祖父）对国政有了强有力的发言权。因为王家分离独立了，御堂流的"家"纯粹变成了作为臣下的"家"，不得不追随院的权力。摄政和关白一直都从这"家"中诞生，在这个意义上，这一"家"被称作摄关家。强大的寺院也被法皇的佛法保护、统治政策所操控，争相向王权宣誓忠诚。现在的日本史学界认为院政期是中世的开始。

武士存在感的增加

在发达的中世社会，武士和民众、寺院的构成人员一起发挥了能动性作用。而在平安后期，他们开始摆脱卑微渺小的身份，逼近主角之位。王家内部的对立、权门寺院之间的竞争，以及寺院大众（所谓的僧兵）对朝廷的强行上告，由庄园的激增而引发的寺社势力和国衙的斗争等发展成武力纷争，社会上的紧张气氛高涨，这就增加了武士的存在感。

我们也可以以保元之乱（1156年）为界将这一时期分为前后两个阶段。在第一阶段，军事贵族完全被当作王家和摄关家的左右手使唤，还没有足够的独立性。比如，白河院在下北面起用了大小武士（与中下级贵族的上北面相对，五位、六位的侍被称为下北面。北面武士是院的亲卫队）。伊势平氏的正盛借此契机发迹。其子忠盛凭借符合贵族社会的风雅以及经济上的贡献，得到了院的赏识。12世纪前半叶，从白河院的晚年到鸟羽院政期，平忠盛处于差遣、统领全体北面武士的领导地位。

而对于源氏一方，有观点认为义家出身于武士世家，巩固了自己的地位，扩展了在中央政界和贵族社会中的势力。但是，他介入后三年合战纯属白费力气，并且，正如某位上流贵族所写的那样，"年来为武士长者，多杀无罪人"（『中右记』嘉承三年正月二十九日条），也有人强烈厌恶义家的过度杀戮。因此，院政初期，也就是义家晚年的时候，阴云开始笼罩在源氏的势力之上。特别是义家的嫡子义亲因反叛国衙的统治，被平正盛讨伐，之后其一族还发生了内讧。源氏失去威势，为义和义朝等人在政界也不断被忠盛领导的伊势平氏拉开了距离。

　　再来看地方的情况。源平的兵之家在各国寻求根据地，从中诞生了次生的武士之"家"，它们各自开始独立地形成武装集团。国衙的军事体制也因为他们的集结而开始充实起来，事态发展至如白河院所说的"诸国遍布弓箭、大刀等武器，必须宣旨，加以制止"（『後二条師通記』承德三年五月三日条）。在这种背景下，精于武艺的一部分在地领主成为新的武士。这是在地领主的武士化，是武士的在地领主化。如前章所述，那是一个私人行使武力日益普遍的社会，正因为如此，人们才会对抑制其失控的机制强化，以及实际执行的部队（正统化的武力）抱有越来越高的期待。当武力成为推进社会秩序形成的力量的时候，必然有越来越多的人走上武士之路。

68

平家政权

　　第二期的第二阶段是保元元年（1156）的保元之乱以后。王家的分裂，再加上摄关家内部的对立，导致了这场战乱。忠盛的儿子清盛帮助后白河天皇一方获得了胜利，乱后，清盛和信西（藤原通宪）联手扩张势力。在平治元年（1159）的平治之乱中，清盛大破源义朝等人，之后以压倒性的军事力量为后盾，成长为能左右中央政局的政治势力。他巧妙地利用二条天皇亲政派和后白河院的近臣势力的对立，快速实现了官位的晋升，于仁安二年（1167）当上了太政大臣。一般的说法认为平家在平治之乱后没多久就掌握了国家权力，但实际上他们是在仁安元年之后与后白河院联手，作为院当时的同盟者分享了国家权力。

清盛于仁安三年出家，次年，将家主之位和其根据地京都六波罗让给了嫡子重盛。之后，他移居摄津国福原（现兵库县神户市兵库区平野），在那里继续发挥其政治影响力。同一年，清盛的义妹所生的皇子即位（高仓天皇）。承安元年（1171），清盛的女儿德子进入高仓天皇的后宫。此外，平家也和摄关家建立密切关系，清盛的另外一个女儿嫁给了近卫基实，而由于基实早逝，她便继承了摄关家的领地。

就这样，平家在宫廷内外强制性地急剧扩大了势力，招来以后白河院为首的既有势力的反对。治承年间 69
（1177～1181），平家和院公开对立。治承三年十一月，清盛率大军上洛，公然发动军事政变，处分了大量反对平家的贵族，停止院政，开始军事独裁。学界的主流观点认为，平家政权始于这次政变。治承四年二月，高仓天皇让位，德子所生的皇子即位（安德天皇），于是高仓院政开始，清盛成了天皇的外祖父。

治承、寿永内乱

通过政变，平家建立了自己的政权，但这也加深了他们在国家统治阶层内部的孤立。为了院而修建寺院、佛塔，以及举办仪式与法会的现象在院政期很盛行，其费用来源于受领们积极的"成功"（jyōgō，捐献资财以筹备修建建筑物和举行大规模仪式等费用的人得以就任官职、获授位阶）。这种负担被转嫁到地方社会，让在地领主和民众疲惫不堪。平家剥夺反对平家的贵族的知行国（该国的国政执行权被授予某人，后者可以从该国获得收益）和国守的地位，大量积累庄园。这种行为让平家成为国衙领、庄园内部的社会、经济方面诸多矛盾的众矢之的，和地方社会的对立愈加严重。

治承四年（1180），后白河院的皇子以仁王和摄津源氏的源赖政等举兵反对平家，动乱迅速扩大到全国范围。以源赖朝和木曾（源）义仲为首，对院政和平家政权不满的在地武士们蜂拥在各国起兵，眨眼之间，赖朝压制了东国，义仲把北陆道收入囊中。这次内乱源于长年积累下来的地方对中央的不满，我们不能将其简单地看成源氏和平氏的争霸战。因此，学界取其年号，称之为治承、寿永内乱。

各地武士分别出于各自的利害关系而起兵，并不一定是加入源氏或者说赖朝一方的。但在富士川之战以后，通过各种各样的事件，赖朝将参与叛乱的各种势力收到自己麾下。文治元年（1185），源氏在坛之浦的海战中灭亡了平家。此后，赖朝和义经两兄弟间不和，义经投靠了奥州藤原氏，但藤原泰衡迫于赖朝的压力，于文治五年讨伐义经，而之后泰衡也被赖朝消灭了。

何为幕府？

幕府是以征夷大将军为首长的武家全国政权，日本历史上只有镰仓、室町和江户三个幕府。这是日本人的常识。然而，政治思想史学者渡边浩指出，并没有例子表明镰仓、室町同时代的人将这两个武家政权称作"幕府"，就连在江户时代，宽政（1789～1801）以前的文书中也很少出现"幕府"一词，这个词以江户后期和末期的水户学为契机才流传开来。

关于江户中期以前的幕府，当时"无识之徒，或指幕府为朝廷，甚则以王称之"（『弘道館記述義』卷之下）。值得一提的是，所谓"无识之徒"并不是指无知的民众，而是指像山鹿素行、室鸠巢、荻生徂徕、太宰春台一般最优秀的知识分子（儒者）。

对此，藤田幽谷等后期水户学者将德川政权的正统性归结于它是由天皇任命的"将军"的政府，为了更加强化这个体制而用了"幕府"一词。渡边还指出，并不是说征夷大将军被任命之后，这个政权就会意识到自己开创了幕府并自称幕府，事实上镰仓、室町、江户这几个武家政权都没有这样做过。

的确，镰仓幕府在当时的称呼是"关东"或者"武家"。室町幕府一般也被称为"武家"。而指称 18 世纪以前的江户幕府的用语是"公仪"。全国性的武家权力，与首长个人相对独立开来，成为法制上的主体（以维持法律秩序为任务的法律团体，最典型的就是国家），在这个意义上被称作"公仪"。该词最初由丰臣政权使用，江户幕府继承了这个称呼。在宽永十年以后的十年间（1633 ~ 1642），德川的公仪以老中为中心，由参加评定的各个奉行构成。他们包括远国奉行和代官，作为公仪的化身出现在被统治阶层面前。

其实，"幕府"这个词在平安时代就有了。在日本的古代和中世，幕府是对近卫府的中国式称呼，后改指近卫大将执行公务之地，还指左右大将本人。在镰仓时期，"将军御居所者，称幕府"（『吾妻鏡』文应元年四月二六日条），幕府是对将军所住宅邸的称呼。这源自中国的史实，即出征时将军在阵营中用幕布搭建军营。

"幕府"的称呼从何时开始使用?

如果说幕府最初指称的是德川政权,并且在幕末的动乱中作为政治用语流行起来,那么将镰仓、室町这两个政权称作幕府是从近代的何时开始的? 截至明治二十年的代表性史论,田口卯吉的《日本开化小史》和福泽谕吉的《文明论概略》等用的是"镰仓政府""于镰仓开创政府""北条足利的政府"等"政府"一词。田口是经济学者、文明史家,努力推广民权,在实业界也大显身手。另外,他还是有所作为的民间史家,编辑、出版了旧版的《国史大系》《群书类从》等,这些丛书集成、校订了日本史研究的根本性史料。

对于"政府"被置换成"幕府"一事,《稿本国史眼》(全七册)所起的作用是很大的(图2-2)。该书由帝国大学文科大学(后来的东京帝国大学文学部)的教授重野安绎、久米邦武、星野恒编纂,是明治前期的官方日本通史。该大学的国史科设置的第二年,即明治二十三年(1890)的十月至十二月,《稿本国史眼》出版了,并被用作教科书。该书只将包括江户幕府在内的三个武家政权称作幕府,并提出征夷大将军一职是幕府的必备要素。

毋庸置疑,将首长就任征夷大将军看作幕府的开创,

73

日本武士史

这一见解因为是权威性的帝国大学的教科书所主张的，所以对之后的历史教育以及历史论、历史叙述起到了极大的影响。

图 2-2　《稿本国史眼》的封面（笔者收藏）。
第三分册记载，就任征夷
大将军标志着镰仓幕府的开创

镰仓幕府是何时建立的？

如果问起，现在被称作镰仓幕府的政权是何时建立的，一般人都会回答1192年吧。"创立一个好的国家吧，镰仓幕府"，这是为了熟记年号的谐音双关语①。不言而喻，1192 年（建久三年）是源赖朝被任命为征夷大将军的年份。然而，至今为止讨论镰仓幕府建立的研究者们一共提出了七种说法，都分别依据赖朝权力发展各阶段的里程碑式事件。关于幕府的建立时期之所以众说纷纭，是因为每个研究者对幕府本质的理解各有不同。就 1192 年这个说法来说，它只提出这是后来的幕府首长连续性地就任征夷大将军的开始，并没有积极说明幕府的历史特性。这是形式论，所以在学界并不受欢迎。

74

在各国设置守护

在笔者看来，现在最有说服力的是文治元年（1185）十一月这个说法。这时，后白河法皇在源义经的逼迫下向其下达追讨赖朝的命令，赖朝反而利用这一点，以逮捕义经为借口，让朝廷认可"守护和地头"的设置。文治元年的说法是出于重视这一事件的立场。关于此时的"守护和地头"的内容，学界有非常深入的讨论，现在也还没有定论。大山乔平认为，这是将对西国国衙的广泛支配权（以军事、警察职权为中心，还涉及对土地的支配）交给了赖朝。实际上，为追讨平家而进

---

① 日语中"1192"和"好国家"的读音都是 iikuni。

驻西日本各地的赖朝军队，在平家灭亡后也依旧占据西国诸国的国衙机构。而"守护和地头"的设置就是朝廷对上述现状的追认。但是，这在当地引起了比预想要大得多的混乱，所以赖朝在次年就放弃了对土地的支配权限。于是，如今天日本的高中教科书等所叙述的一样，在各国设置守护的制度逐渐固定下来，赖朝的权力也以更稳定的形式辐射西国。

守护由有势力的御家人担任，有义务督促被任命之国国内的御家人承担京都大番役（参照第 79 页）、逮捕谋反者和杀人犯（大犯三箇条）的义务。另外，以各个庄园及国衙领的乡为单位设置的地头，继承了"守护和地头"设置以前，和平家有关的人以及谋反者们在庄园和国衙领的各种权利和权限。御家人在治承、寿永内乱的战斗中用实力占据的地方，日后被赖朝没收。而赖朝将这些地方的处分权作为奖赏一揽子授予了占据该地或者有军功的御家人。地头制度就是这样形成的。

幕府将根据地安在东国，同时承担了各国的守护（日本全国的军事、警察职权）这种国家功能。上面提到的学说将此事件看成幕府成为全国性公权力的起点。还有学说认为，建久元年（1190）十一月，赖朝上洛和法皇会面，确认了自己作为日本国总追捕使、总地头的地位，率领御家人担当各国的守护。这是重视另一个里程碑的说

75

法，和前面提到的学说也有相通之处。

就这样，镰仓时代的国政由拥戴王家、摄关家的王朝势力，延历寺、兴福寺这样的大寺社和宗教势力，以及幕府来分担。这三种势力之间存在对立，却各自互补性地分担发布法令、任免官职、规定礼仪等（公家），体制下的宗教（寺家、社家），军事和警察（武家）等职能，构成了松散的国家。研究者将其称为权门体制。

2 承担国家守护的人

御家人制度

支撑赖朝权力的是御家人制度，到平家灭亡为止，以相模、武藏为中心，大多数东国武士和赖朝结成主从关系，在西国也有不少人加入赖朝派来追讨平家的有势力的御家人麾下。他们之中除了从前就是源氏的"家人"之外，还有归顺赖朝的木曾义仲的"家人"或平家的御家人，以及庄园的庄官、各国的在厅官人等各种各样的人。其中还有一部分人虽然精通武艺，但还没到形成"兵之家"的程度。

很多在追讨平家的过程中追随赖朝的西国武士，都是守护命令国衙提交国内武士或精通武艺的在地领主的名单

76

并一次性予以承认的。如果将东国的御家人比作正式队伍的话，这些西国御家人则低人一等，被当作二线的御家人对待。各国大概有三十人左右。在战斗迫近的军事动员之下，巨大的御家人集团形成了。

为了在内乱后也能维持这样的权力，赖朝在文治五年（1189）强行发动了讨伐奥州的藤原泰衡的战争。全国范围内出色的武士都被动员起来，不愿参战的人被没收领地。据《吾妻镜》（镰仓后期幕府编纂的、记录镰仓幕府事迹的史书）记载，参加攻打奥州藤原氏的军士达"二十八万四千骑"。这是极其荒唐的夸大。同样是《吾妻镜》的记录，赖朝在文治元年为了讨伐义经，准备上洛之时（实际上没有实现），在镰仓集合的关东御家人"以千叶常胤为首，主要人员两千九十六名"（同年十月二十四日条）。在此基础上增加一定数量，或许就接近讨伐奥州的实际人数了。

攻打奥州藤原氏的意图在于再现先祖赖义建立功勋的前九年合战。比如，将进军的路线以及在斩杀了安倍贞任的厨川逗留的日期安排成和前九年合战一样，并采取处置贞任的相同做法，曝晒泰衡的首级，甚至将此事交给当时执行相同任务的武士的子孙来办。通过前九年合战的再现性体验，赖朝试图让御家人们意识到自己是赖义事业的正统继承者，被动员的武士们是源家的谱代御家人。河内源氏通过前九年合战在东国打下了势力基础，这种观点也是赖朝通过政治上的演出创造的神话。

京都大番役

镰仓幕府的京都大番役，别名内里大番役，即动员各国的御家人，交替担任当时天皇居住的内里（闲院内里）的警卫。"番"指的是交替出勤的人的集合。建久三年（1192）后，赖朝构建了这样一个体制，逼迫各国的武士选择是否做御家人，让该国的守护催促那些选择做御家人的人上洛，担任大番役。如此一来，那些不希望做御家人的就被称作"非御家人"。镰仓御家人承担的劳役分为常规的和临时的，常规的劳役主要是侍奉镰仓殿。临时的劳役则是不以镰仓殿为直接侍奉对象的劳役，幕府和镰仓殿本应承担的职责转嫁给了其手下的御家人集团。比起常规役，镰仓幕府更为重视临时役，而临时役中最被重视的就是京都大番役。对于御家人来说，比起保护主人镰仓殿，保护京都的天皇之役更沉重。这种不可思议的事实直截了当地说明了幕府承担着国家的军事、警察职能。

也就是说，即便幕府承担着国家的军事、警察职能，但为了在政治上、社会上获得广泛认可并稳定地存续下去，它必须贴近人们的日常生活，让任何人都注意到它。一个有效的方法就是京都大番役，它保护了代表国家的天

78

皇之"玉体"的安稳并维持都城的平安。上洛完成大番役——这样的实际成就才是御家人保持其身份的最重要条件；并且，对于尚未被当作武士来对待的武艺精湛之人来说，这也是被认定为武士的最佳机会，而且是展现自己的华丽舞台。就这样，武士的第三阶段开始了。

平家不是幕府？

关于幕府的说明有点长了。笔者想说的是，幕府并不是一个不言自明的概念。在近代历史学诞生之时，武家政权按征夷大将军这个共通点被一并概括为幕府，然而在相应的时代，除了一时的例外，它们都没有被称为幕府。即使抛开征夷大将军这一点，也能说明这些政权的实际状态。从中我们会自然产生疑问：就算首长没有成为征夷大将军，应该还有别的能被称作幕府的武家政权吧？与江户幕府同样被称作"公仪"的丰臣政权等，就算被当作幕府也毫不奇怪。

这仿佛是哥伦布竖鸡蛋的故事，平家政权和镰仓幕府有很多共通之处，令人惊讶。平家以京都鸭川东面的六波罗为据点，让各国的御家人承担国家的军事、警察方面的工作。也就是说，平家的"家人"也被称作御家人，交替承担闲院内里的大番役，这是京都大番役的前身。作为最高掌权者的清盛将住所设在摄津福原，基本不上洛。据笔者调查，截至内乱打响的十一年间，清盛上洛仅十九次。这是因为，通过和后白河法皇的权力在空间上保持距离，清盛意图确保自己的独立性。然后，他让在京的平家子弟与后白河进行交涉，让熟悉政务和礼仪的、有势力的亲平家派公卿们为平家谋取利益。

80

赖朝也承担了国家的军事、警察职能，将幕府开设在比福原更远离京都的镰仓，比清盛对上京更没有兴趣（灭亡平家之后只上京过两次）。比清盛利用亲平家派公卿的手法更进一步，赖朝通过"议奏"，试图增强对朝廷的影响力。"议奏"是由赖朝指定的十名公卿对重要的政务进行合议，然后再上奏。并且，赖朝将本来是平家根据地的六波罗重新组建成镰仓权力在京都的派出机构。这就是京都守护（率领御家人，负责洛中的警卫、裁判、其他政务以及朝廷和幕府之间的联络），后来发展成南北两个六波罗（探题）。

内乱中的寿永二年（1183）十月，赖朝作为叛军时实际控制的东国的行政权获得了朝廷的承认，之后他也将东国视作权力的根基。平家也是，将从摄津西端到播磨东部内陆地区之间的广大区域内的要地作为自己领地，还在以濑户内海为中心的西日本发展自己的势力。根据这些制度上、形态上的相似之处，笔者认为可以将平家也看作幕府，向学界提议将其认定为先于镰仓幕府成立的六波罗幕府。

近卫大将的意义

赖朝在灭亡奥州藤原氏之后的建久元年（1190）十一月上洛了。他就任右近卫大将，却仅在十天后便辞去了这一职位。近卫大将是朝廷最高级别的武官职位，负责内里的警卫，在天皇行幸时必须侍奉其左右。还有清盛的继承人重盛和其弟宗盛一并就任左右近卫大将的先例。对于赖朝来说，他不喜欢一直担任近卫大将而被限制在既存的国家体制的框架之内，但这个地位是有利用价值的，那就暂且留下一个就任的履历吧。

说到征夷大将军，一直以来的理解是，赖朝迫切地想要这个职位，但是被后白河一方拒绝了，建久三年，他在后白河死后终于实现了这一愿望。然而，近年来随着新史料被发现，事实上是赖朝提出"舍弃前大将（前右近卫大将）这个称号，想重新受命为大将军"，于是，王朝一方就从各种大将军的称号中为他选择了征夷大将军（『山槐記』逸文，建久三年七月九日条）。

平安初期，和虾夷战斗过的坂上田村麻吕两次担任征夷大将军，到过世前一年升任大纳言为止，他都一直保留着这个名誉官职。其实，田村麻吕自 23 岁在朝廷任官以来，一直走的是近卫府的武官之路，后来荣升少将、中将，在第二次就任征夷大将军之后兼任了右近卫大将。王

81

朝一方必定意识到近卫府和征夷大将军的深厚关系，想将赖朝所获得的各国守护的权限尽可能限制在自己的控制范围之内。带着这样的期待，王朝才选择了征夷大将军的称号吧。

赖朝之后的镰仓殿也是在当了近卫府的次官（次将，即中将、少将）之后被任命为征夷大将军的。这是至今没有被注意到的地方。建久十年（1199）正月十三日，赖朝死后，第二代镰仓殿赖家以 18 岁的年龄继承了家主之位，同月二十日，从近卫少将转任近卫中将。尽管有人说在服丧期间任官有违人道，但同年正月二十六日依然有旨意下达："续前征夷（大）将军源朝臣遗迹，宜令彼家人郎从等，如旧奉行诸国守护。"（『吾妻鏡』同年二月六日条）同年九月，赖家让各国守护催促怠慢的御家人前去承担大番役。而赖家实际上就任征夷大将军是在三年后的建仁二年（1202），即他 21 岁的时候。所以在那之前，对外来说他是近卫□将，顺便承担了作为左卫门督的任务。

第四代的九条赖经和第五代的九条赖嗣都是在当了右近卫少将之后，于同一天就任征夷大将军之位的。第三代的源实朝是个例外，建仁三年，赖家试图除掉北条氏但是失败了。九月二日，12 岁的实朝就任征夷大将军，同年十月二十四日，就任右兵卫佐。次年三月，他就任右近卫

82

少将，建保六年（1218），他在 27 岁时当上了左近卫大将，同年升任右大臣。赖家等人之所以不是大将，是因为当时大将的经历是成为大臣的条件，而除了摄关家之外，按当时的惯例，只有出身于藤原氏的闲院、花山院两家，以及村上源氏的久我家这些仅次于摄关家的最上层贵族（以上被称作清华家）才能担任。年少的镰仓殿只能止步于次将。而保元元年（1156）已设左右中少将各四人，共十六人，位置充裕。而第六代的宗尊亲王之后的亲王将军没有经历近卫次将的职位，恐怕是因为皇族本就是近卫府应该保护的对象。

从这些例子我们可以知道，镰仓殿在当上朝廷任命的近卫将官之后，再就任征夷大将军。如果说镰仓殿本身因为北条氏的得势而逐渐失去实权，所以近卫将官和征夷大将军也变得形同虚设，这种观点是没错的。但从朝廷的角度看，可以说那是作为承担国家的军事和警察职权的权门及其首长应有的状态。另外，在室町时期，在第三代的义满之后，幕府体制得到了完善。之后的各位将军都沿袭他的"佳例"，担任过右近卫大将（幼年夭折的第五代义量和第七代义胜除外），而在那之前就任左中将和征夷大将军。这两者的任命是在同一天，或者先就任征夷大将军。室町幕府也有过不设征夷大将军的时期，所以其位置并不算高。倒不如说，为祝贺就任近卫大将而举行的拜贺仪式才是夸耀性地显示了一家之主的换代。

《平家物语》的误导

前面说了可以把平家政权理解成幕府。但是一直以来，幕府的开端仍旧被认为是镰仓幕府，平家政权作为武家政权的真正价值一直受到怀疑。人们多用"贵族性"来形容平家政权的半途而废和不成熟。现在日本的历史教育还是沿袭这个说法，比如，长年来使用最普遍的高中日本史 B 科目的教科书《详说日本史》（山川出版社）断定："平氏政权和摄关家极其相似，虽是武家政权但带有强烈的贵族性。"

古典文学作品《平家物语》或许为平家作为武家遭到的负面评价提供了最大的依据。其中说到，面对眼前的富士川之战，斋藤别当实盛在平家阵营中说起了东国武士的硬弓和勇猛果断，于是周围的武士都瑟瑟发抖，并且，平家的子弟们大多被塑造成优雅但缺乏气力的贵公子形象。自古以来，《平家物语》让很多人着迷，所以影响力也大。直到最近，人们都深信不疑地认为其内容是史实，将平家理解为软弱、不成熟的贵族化武家政权。但是，被当作典型的镰仓武士的畠山重忠和熊谷直实在内乱刚爆发时是作为平家一方来行动的。正如这个事实所表明的，很

84

难认为源平两方的武士在实力上有大的差距。因为输了所以软弱，这个说法只是结果论罢了。

《平家物语》的异本数量惊人，而且彼此之间的差异非常大。根据现在对《平家物语》各个版本的研究，包含详细叙述赖朝在关东举兵的合战物语在内，作为读物被创作出来的各个版本（读本系列，最古老的形态是延庆本。《源平盛衰记》也属于这个系列）比琵琶法师弹唱的剧本类（说唱本）更早成立。现在一般认为说唱本系列的各个版本是在整理了吸收大量杂糅信息的延庆本系列后形成的（其中的最佳版本是我们在高中等阶段学习的觉一本）。虽说《平家物语》不是赞赏武士勇猛的文学作品，但它在成书过程中采用了作为胜利者的赖朝一方的合战传说。正因如此，从结果来说，它夸大了东国武者的英勇。

由于江户幕府将赖朝的权力看作自己的源流，于是就形成了东国武士才是本来的武士的这种意识，因为他们是第一个压倒贵族政权（包括带有贵族性的平家）的政权的原动力。

赖朝权力是江户幕府的模范

庆长十六年（1611），为了将丰臣秀赖收为臣下，德川家康上洛；三月，在二条城进行了会面；四月，让在京的大名写下誓词，记下三条誓言。其中第一条为奉"右大将家（赖朝）之后每代公方（将军）"制定的"法式（掟）"，坚守江户将军秀忠的禁令（『御当家令条』卷一）。立此文书也是为了让大名们承认，以德川将军为中心的政治制度是继承了镰仓之正统的武家政治。当时要求立誓的对象是西国的权势大名，次年即庆长十七年，东国大名也被命令写下同样的誓词。但是，秀赖并没有在上面署名。

家康熟读《吾妻镜》（值得注意的是，《平家物语》是《吾妻镜》的编纂材料之一）。家康侍医所著的《板坂卜斋觉书》中记载，家康爱读的书基本是汉籍，赞赏的人基本是中国人，和日本相关的仅有《延喜式》（927 年选编的律令施行细则集）、《吾妻镜》以及赖朝。家康应该是私淑赖朝，不把赖朝以外的政治家放在眼里。

家康年幼时，作为今川氏的人质被送到骏府（现静冈市），吃了很多苦；后来又被秀吉改封到关东。丰臣氏灭亡之后，他选择了以江户和关东八国作为基础的国家形式。赖朝在年少时也在伊豆渡过了二十年的流放生活，平家灭亡后也在东国建立了权力的根基。这种境遇上的相似性也在某个层面上让家康对赖朝及其政治有所共鸣吧。以右大将家的例子作为政治模范的态度，正如幕府的正史《德川实纪》所述，"兴许是常认为镰仓右幕下（赖朝）

86

的执政符合自己的想法吧，常对其种种事迹进行评价"
（『東照宮御実紀付録』卷十二），反映了家康对赖朝非常
感兴趣。

江户幕府史观的最高峰

赖朝及其幕府是德川幕府的源流，又是现实政治的规
范和行为准则。江户中期的儒者、政治家新井白石所著的
《读史余论（公武治乱考）》可以看作这种政治观的历史
版。这部史书将日本的历史分为前九个阶段和后五个阶段，
前者是从平安前期的藤原氏外戚专政到南北朝分立的王朝
没落，后者是从赖朝开创幕府到当代（德川政权）的"武
家之世"。他主张武家政治出现的合理性和必然性，肯定了
作为其终点的德川的统治。并且这本书还是在 18 世纪末之前
极其少见的用"幕府"一词称呼全国性武家政权的例子。

在白石看来，贵族政治是导致地方政治混乱、促进武
士抬头的根本原因。他认为，平家"常常居住在都城，
习惯与公家的人朝夕相处、关系亲密，所以完全忘记了武
勇"，还严厉地批判"将幕府设在京都"的室町幕府是
"大错特错"。与此相对，他赞赏家康有"神谋"，学习赖
朝将幕府定基于东国，并且与镰仓不一样的是，家康将文
武两方面发展俱佳的江户定作"子孙万世之都"。该书对
近代历史学的影响极其巨大。

所谓镰仓时代的划分

将历史按照时代划分时，镰仓时代这个名称有可能误导人们的历史认识。因为镰仓幕府并没有否定京都的王朝，西日本原有的国家体制和基础尚有余力维持在一定的状态下。幕府的存在是受朝廷保障的，这种表面话在幕府灭亡的那天也未曾改变。发生在镰仓时代的各种事件，单凭幕府的历史是没有办法说明的。

但是，在后鸟羽上皇倒幕失败的承久之乱（1221年）以后，幕府逐渐吸收了朝廷的权限，在13世纪后半叶之后还能左右皇位的继承事宜，加强了对朝廷政务的干涉。另外，幕府还介入了庄园领主和御家人们的领主权，推进集权。

在幕府内部，权力集中在得宗（北条氏嫡流的家主）手上，在得宗私宅举行的近臣集团［外戚和御内人（侍奉得宗的"家人"和家臣）］会议，事实上成了政治决策的场合，一直以来的执权（辅佐将军，统合政务的最高职位。由北条氏世袭）、评定众（从有势力的御家人中选拔任命。和执权一起商议、做出政治决策并负责审判的机关）等的地位和权限都被架空了。得宗的专制和内管领（御内人之首）的专横招来了受到冷遇、压迫和干涉的人们的反抗，这也成了幕府灭亡的一个重要原因。

88

3 室町、战国时代的武家与武士

南北朝内乱和室町幕府

后醍醐天皇以天皇亲政为理想，为了打倒妨碍他的镰仓幕府，召集了反幕府势力。元弘三年（1333），后醍醐顺利消灭北条氏，建立了建武新政权。但是，因在倒幕中立了大功的源氏一族的足利尊氏谋反，新政权仅维持了三年就崩溃了。尊氏于历应元年（1338）就任征夷大将军，在那之前的建武三年（1336）十一月，他制定了事实上的法令《建武式目》，实际上已经建立了幕府。十二月，后醍醐前往吉野，拉开了尊氏拥护的京都北朝（持明院统）和吉野南朝（大觉寺统）对立、抗争的南北朝内乱时代的帷幕。

幕府在起步之时继承了镰仓幕府的各种制度，接收了其行政干部集团，但把政权所在地转移到了京都。把幕府设在京都的原因是，若像镰仓幕府那样只掌握军事和警察职权的话，将根据地设在镰仓并充分利用六波罗就足够了；但如果幕府要想成为真正意义上的全国政权，就必须把政权设在一个中心都市，它既是政治、文化、宗教的中心，也是庄园领主集中居住的地方，更是全国的财富、人力及信息都集中的经济、流通中心。

支持后醍醐天皇的南朝一方在各地与北朝势力斗争，但被大多数国人（对南北朝以后的在地领主的称呼）支持的北朝一方压制，逐渐失去了各国的据点。内乱前后大约长达五十七年，但并不是因为南朝一方有强大的实力，而是因为在武士中，冒进的在地领主毫不客气地侵略作为王朝贵族和大寺社经济基础的庄园和公领，而保守派却对王朝贵族的利害关系抱有顾虑，两者之间的对立一直持续着。幕府权力有对内支配武士、对外实行统治的两面性，这导致分担内外政务的尊氏、直义两兄弟不和，爆发了观应之扰乱（1349～1352 年）这场大乱。南朝一方抓住这根救命稻草，将在此乱中没落的直义一方的保守派拉入自己阵营，于是曾三次夺回京都。从那以后，反抗幕府的武士们都投降了南朝，自称南朝一方，和幕府作战，这种模式不停地循环着。

90

然而，贞治元年（1362）之后，幕府政治逐渐稳定，北朝一方也在军事上维持优势，社会暂时安定。执事（管领）细川赖之虽然将武士们的庄园侵略认同为既成事实，但不允许超过现状的侵害。这种形式在一定程度上保护了权门贵族、大寺社和国人、守护双方的权益，成为室町幕府的土地政策的基本方针。在此前后，一直以来由朝廷行使的各种统治权改由幕府分担或者接替，京都的市政等方面也由幕府侍所掌握。

义满的时代

永和四年（1378），第三代将军义满在京都北小路（现上立卖路）室町营建新宅邸（室町幕府名称的由来）。康历元年（1379），他让细川赖之下台，掌握了政治的实权。他还历任右近卫大将、内大臣、左大臣、准三后（按照太皇太后宫、皇太后宫、皇后宫的待遇），官位升到了从一位。在就任内大臣的永德元年（1381），义满开始使用不同于之前武家样式的公家样式的花押（署名）。他最后使用武家样式的花押是在嘉庆元年（1387），之后在处理所有事情时都用的是公家样式的花押。对此有学者认为，这是义满从文人"公方"的立场表示自己意欲统率公家、武家双方，原因在于室町幕府并不单是武家政权，而是作为君临公武的政权起步的。

明德三年（1392），义满实际上将南朝并入北朝，终结了内乱。应永元年（1394），他将将军一职让给儿子义持，就任太政大臣，并在次年出家了。应永四年，他开始营造北山殿。应永八年，他向中国派遣使者，双方开始外交与通商。次年，他被明朝皇帝封为"日本国王"。义满在出家后，要求得到和法皇一样的待遇，登上了权势的巅峰。

91

其后的室町幕府

然而，第四代将军义持修正了义满后期的政治路线，将义满超越并君临公武的权力转换成被称为"公武二头政治"或"公武融合政治"的政治形态，即院、摄政与足利家家主一起协调处理国政。也就是说，幕府的权力并不是只代表武士的利害关系，在幕府内部，将军也重视和宿老（居住在京都的有势力的守护）的合议，以此推动政权的运作。

幕府具有守护联合政权的性质，但同时，最初将军也能通过任命守护来更换守护的头领。但是到了 15 世纪，情况逐渐变成只要不发动叛乱，守护的职位就可以世袭。这是因为：镰仓时代的守护，除了军事和警察相关事务之外，被禁止介入国衙行政；与此不同，室町时代的守护在将国内的国人阶层收为家臣的同时，也掌握了国衙机构，其支配权辐射到庄园和国衙领，守护和其任国的关系一下子得到了强化。

而第六代将军义教仿佛与此潮流逆向而行似的，镇压有势力的守护、廷臣和有实力的寺社，以实现将权力集中在将军手上。因此，嘉吉元年（1441），害怕被罢黜守护一职的赤松满祐杀害了义教（嘉吉之乱）。在此前后，以京都为中心连续爆发了大规模的德政一揆（民众起义，特别是其中要求幕府发布废除买卖、借贷契约的德政令的起义），给幕府带来了持续的打击。此外，紧接着很早就独立的九州，关东八国也脱离了幕府的统治，于是战乱（享德之乱）开始了。

战国时代揭开帷幕

第八代将军义政上台后，政治仍旧混乱，以将军家及管领畠山、斯波两家的继承人问题为导火索，终于在应仁元年（1467）爆发了应仁、文明之乱（1467～1477年）。以前将此乱看作战国时代开端的学说很有影响力；但近年来有学说认为诱发了应仁之乱的享德之乱（1454～1483年）才是开端；也有学说认为战国时代始于明应之政变（1493年），因第十代将军足利义才（义稙）被废除将军一职，幕府决定性地丧失了中央政权的机能。乱后，在地方社会，守护领国制发展，庄园公领制最终解体，加强领国支配的守护或者守护代中成长出了战国大名。

武士和在地的关系

前面快速介绍了截至中世后期的武士历史，但那应说是武家政权的历史，而基本没有提及作为其构成人员的每一位武士的存立根基。这里将做补充说明。

一般来说，中世武士在社会、经济方面的实体被称作在地领主。他们以农村为中心，支配自己的领地。如果按所领、所职（伴随职务的权利）的内容，将发达的中世在地领主支配的构造模式化，可以画成一个三重构造的同心圆（图2－3）：A作为根据地的住宅地，领主的支配权渗透最深；B扩展到住宅地周边的直营地，不用为庄园领主或国衙承担公事和杂役（与以土地为对象的租税、年贡相对，是以人为对象的赋税、当地的产物以及劳动力等）；C在其外部延展开来的郡、乡、保等地域单位。

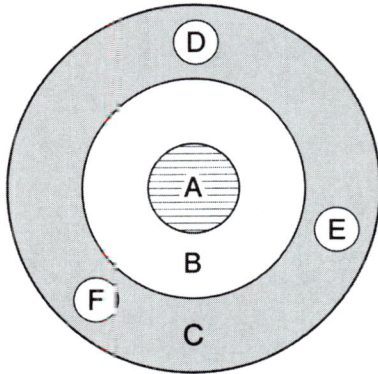

图2－3　在地领主支配的构造模式
（对石井进的原图进行了部分修正）

居住在A和B的庶民被称作下人、所从，而在领主的支配程度最弱的C里居住着独立的百姓、一般的农民，也分散有其他在地领主的领地（D、E、F）。据说

94

下人和所从附属于领主的"家",是被视为财产的世袭
随从,必须一整天都侍奉主人。当主人是武士时,他们
还必须作为辅助性的战斗人员和劳动力奔赴战场。与此
相对,百姓和在地领主之间是比较松散、自由的关系,
每反田(不到 1200 平方米)缴纳 5 升(约 9 公升)左
右的加征米(在国衙领和庄园,除了本来的租税和年贡
之外征收的米。租税和年贡上缴给庄园领主或国衙门,
加征米上缴给在地领主)。而领主对 D、E、F 基本上是
没有支配权的。

　　然而,中坚阶层以上的镰仓御家人,包括地头职在
内,大概会有三处领地。比如镰仓后期,以安艺国为根
据地的竹原小早川氏的定心(政景)于正应二年
(1289)将安艺国都宇庄(现广岛县竹原市)、阿波国板
西下庄(现德岛县小松岛市)的一部分、备前国裳悬庄
(现冈山县濑户内市)、镰仓米町(现镰仓市大町一町
目)的家产让给了儿子(政宗)。竹原小早川氏是镰仓
幕府有势力的御家人小早川氏(赖朝举兵以来,帮助赖
朝并大展身手的土肥实平的子孙)的分家。有势力的御
家人的领地会分散在全国各地,事实上,小早川氏的本
家拥有比竹原氏更多的领地,在京都就有七处房产、土
地和家族寺院。他们出乎意料地依附于都市,将在地方
的领地分给族人和有势力的家臣管理。我们不能断言这

是紧密依靠地域社会的支配形态，因为其中还是包含了
不同性质的要素。　　　　　　　　　　　　　　　　95

武士的宅基地

中世武士在地域社会里日常生活的宅邸被研究者称
为"居馆"或"方形馆"。其遗址一般被发现在冲积地
和冲积扇、自然堤防的微高地、较低的台地、河岸阶地
等和水田耕作关系密切的地点，呈现为每边不到 1 町（1
町为 109 米）的方形，面积多为 8000 平方米左右。在平
地上的方形馆四周筑有土垒，外侧围绕着水沟或无水壕
沟。被土垒和壕沟围绕的宅基地内部被称作"堀之内"
"土居"等，在那里有主屋、马厩、仓库、瞭望楼、鹰
屋、佛堂、墓地等建筑物，还有一些田地。水沟朝阳，
试图让冒出来的冰冷的水变成温水，能当作旱灾时备用
的蓄水池，有保证农业用水稳定的作用。另外，在紧急
时刻，比起在居馆进行严防，在要害之地另造退避专用
的城池会更有效果。当时很多武士在居馆后面的山地上
建造具有防卫功能的小城，两者并用，就是出于这样的
判断。

上面是一般的说法，但随着 20 世纪 70 年代以后中世
城郭史和城郭考古学的发展，必须对这种说法进行修正。
说到底，就算是在据说是武士发源地的东国，水沟（干

沟）和土垒也是在 14 世纪以后才出现的，在 15 世纪之后
变得广泛起来，能追溯到中世前期的可能性很小。另外，
当时并没有将中世武士居住的在地设施称为"馆"和
"居馆"的习惯。将"馆"念作 tachi、tate 的话，指的是
带有公权性质的国司等"贵人的宅邸"，而且指其在任期
中暂时居住的建筑物。根据文献史料，武士的主宅一直是
用"屋敷"这个词。只有在紧急时刻，它才被用作城郭，
在日常生活中并非城郭。

水沟提供农业用水的说法，以及山麓的宅邸和山城是
成对出现的说法都没有得到证实。虽然有个别例外，但
14 世纪以后山城大量出现的说法应该还是妥当的。根据
城郭史研究者中井均的指教，山麓的宅邸和山上的防卫小
城的关系在 15 世纪中叶开始变得密切起来。14 世纪是南
北朝内乱时期，15 世纪是战国时代的开端。从明治到大
正，人们出于强调武士诞生和居住于农村的立场，选择了
"居馆"这个庄严的汉语词，并且想当然地认为存在像武
士据点的土垒和壕沟等防御设施。前面提到的一般说法应
该就是这样形成的吧。

根据对地方武士根据地相关的文献、遗迹、周围
地形等进行严密的考察，研究有所进展。上述便是这
些研究阐明的事实。但关于其具体内容，还有待今后的
探讨。

身份制度的变化

进入南北朝、室町时代（中世后期）以后，武家整 97
体上势力越来越大。他们的兴盛导致了庄园公领制的衰退
和解体，以及王朝各种势力的衰落。因此，比起归属武家
的侍（关于侍，请参照第一章），其他权门中的侍的存在
感越来越弱。这时，武家的侍（家中）的核心当然是武
士，所以，侍和武士逐渐就被等同看待。中世后期的身份
制度没有前期那样的体系性和持久性，是不安定的，而且
随着战国时代的社会变动，很大一部分遭到否定，变成了
过渡性的东西。同时，从大局来看，与近世身份制度联结
的要素也开始若隐若现，带有为近世江户时代做准备的
意义。

民众主体力量的增大可以被认为是身份制产生变化的
背景。有实力的百姓中逐渐出现积极突破百姓、平民的界
限，想要上升到侍身份的动向。战国时代近江的《多贺
神社文书》中出现了被称为"新侍"的、拥有姓氏的百
姓。各国都出现了这样的人，随着实力的增长，他们弃
农习武，并且为了提高门第，买下穷困潦倒的侍的谱系，
开始自称为侍。在黑泽明导演的名作《七武士》（1954
年）中，由三船敏郎扮演的菊千代，被设定为父母被夜
里的强盗杀死的百姓家的孩子，他拿着偷来的谱系说自己

98 是侍。当时确实出现了很多这样的侍。这些新侍（地侍）成为守护的被官（变成家臣的下级武士），被编入军队。

4 从丰臣政权到幕藩体制

太阁检地

战国之乱持续了漫长的岁月，在最后阶段，织田信长崭露头角，于永禄十一年（1568）拥戴流亡中的足利义昭入京，将他扶上将军一职（第十五代）。接下来，天正元年（1573），信长将与自己为敌的义昭赶出京都，终结了室町幕府，平定了半个日本。信长由于明智光秀的叛乱而死于非命，羽柴（后来的丰臣）秀吉继承了信长的统一大业，于天正十八年将其完成。

秀吉的时代经历了和平带来的空前繁荣和文化的蓬勃发展。丰臣政权推出的核心政策是太阁检地（全国性的土地调查）和收缴兵器（刀狩）。战国大名也会调查成为家臣的国人和地侍等的土地，用征收的年贡（换算成贯高这种货币的金额）表示土地面积（贯高制），而这个贯高就成了对他们课征军役的标准。与此相对，太阁检地将土地按照土质分成上、中、下、下下等等级，

99 分别决定其斗代（也称作石盛，指每反的石高换算率。

比如，上田的话，换算成玄米为 1 石 5 斗的量。1 石大约 180 升），再乘以检地后明了的面积，算出每块耕地的石高。

之前的观点认为战国大名实际上没有检地，而是让领国内的家臣自己申报土地面积、年贡量等信息（差出），与此相对，太阁检地之后采用的方法是，奉行到现场进行测量，掌握土地的面积、产量等实际情况。但之后的研究确认了这样的事例，即战国大名的检地也有实地测量，并通过测量得出被称为"增分"的追加负担。此外还有人主张，虽然作为太阁检地基准的斗代似乎等同于产量，设定得过高了，但这年贡的数额是将之前各种等级的土地所负担的租税和中间榨取价值等合计之后的标准值。太阁检地以统一权力为后盾，对实地的掌握程度有了飞跃性提升，这是毋庸置疑的。但现阶段的研究表明，还必须考虑到战国大名时期以来的连续性。

石高制

太阁检地从天正十七年（1589）正式开始，江户初期到前期也继承了这种大规模的检地。江户时代实现了在各个村落以统一的标准实行检地，不仅是田，连不产米的旱地、宅基地、荒地也被赋予了各自的石高。把村落中所有这些石高合计起来的总值就是村高。无论村里土地各自

100

的形态如何，都被换算成石高这个能被计量和比较的数字。这种方式普及到全国的每个渡口和渔村。石高制的确立具有划时代的意义。

领主将村高乘以年贡率（三成到四成），课以年贡。在村中，年贡分配给村民们，再根据他们所持份额的大小、有无来决定他们的身份和门第。石高还被记载到主君给家臣分封知行地时发行的知行宛行状（表示知行的分配、保障其权利的文书。秀吉发给大名的叫领知朱印状）等文书上。这就是课以军役的基准。但大名的石高或者某国的石高并不是由检地决定的村高之总和，而是以收取的年贡量为参考，并考虑到政治上的因素而决定的，这种石高称作表高，显示了大名的地位。

百姓身份与兵农分离

在中世的庄园公领制下，一块耕地中混杂了数种权利和义务。太阁检地厘清了这种错综复杂的状况，实行一块耕地安排一名耕作者这种"一地一作人"的制度。其结果是，农民对自己田地的保有权虽然得到了承认，但同时被赋予缴纳年贡和耕作的义务。百姓还需要承担建造城池、搬运兵粮等劳役。

101　　　　天正十九年（1591），秀吉在出兵朝鲜之前，命令各国大名提交该领国的御前帐（按国、郡记载了表高，是统治一方的基本账目）和郡绘图（以郡为单位绘制的地图，也称作国绘图）作为决定军事动员数的基准。同年，根据所谓的"身份统制令"，禁止武家奉公人（足轻、中间、小者等，是处于士和百姓中间的阶层）成为町人或百姓，禁止百姓成为商人、手工业者。在次年的文禄元年（1592），秀吉政权发布了"人扫令"，进行全国性的户口调查，按职业之别调查和确定户数、人数。这也是为了确保同一年开始的朝鲜战争所需的劳役和人力。

秀吉政权实施的各项政策，区别了作为统治身份的武士（兵）和作为被统治身份的百姓（农民等），开启了武士统治其他所有人的本制。这就是兵农分离。关于其具体情况，现在的研究者们批判性地检讨了之前的理解，对以武家奉公人的身份、实际形态、供给源及其动向为中心，涉及收缴兵器令（刀狩令）、武士的城下町集住等问题展开了热烈的讨论。

收缴兵器令与禁止喧哗令

不管怎样，经过兵农分离，包含新侍在内的村落下级武士要么成为士，要么成为农。下克上被画上终止符，成为士的人进入了以秀吉为顶点、大名为支点的知行体系。天正十六年（1588）七月，丰臣秀吉发布收缴兵器令，命令手下的大名们收集百姓的兵器。在中世社会，村落也 102

是自立救济的主体，所以每个村落都拥有大量兵器。村与村之间围绕山野的权益和水源而争斗不断。发生争斗时，百姓们聚集起来，挥着兵器，相互残杀。这是必须阻止的事态，为此有必要查封村落中的兵器，禁止其使用。于是秀吉在政权成立的最初就颁布法令，禁止农民的"喧哗"（自立救济）。

收缴兵器令是与其相关的措施，禁止村落和百姓行使武装权（持刀和杀人的权利），并且在原则上只允许武士带刀。当然，收缴兵器令的"初衷是防止（百姓的）一揆"（『多闻院日记』天正十六年七月十七日条），这一方面很重要。但是，德川幕府既没有废除秀吉的收缴兵器令，也没有积极继承它。禁止喧哗令则延续下来。虽然百姓们被禁止带刀，但并没有被完全解除武装，村落里还残留着大量的兵器。对靠近山的村落来说，要制服破坏农作物的野猪，火绳枪是不可或缺的。只要持有许可证，人们就能拥有作为农具的火绳枪。需要注意的是，收缴兵器令使得百姓身份更加明确，具有身份法令的性质。

德川氏的霸权

秀吉两次出兵朝鲜，不仅给后者造成了人力物力上的巨大损失，而且导致日本国内的丰臣政权疲惫，统治根基动摇。在朝鲜败相昭然的庆长三年（1598），秀吉去世。

德川家康作为受秀吉遗托而负责施政的五大老之首，在后年的关原之战中获胜，实质上坐拥天下人的位置。

关原之战本来并不是丰臣对德川的战争，战后丰臣家也并没有沦落为一介大名。虽然战胜方在形式上的总大将是家康，被打败的主要是石田三成等被秀吉提拔的大名，但对胜利做出贡献的已是秀吉提拔的大名。所以，以加入石田一方为理由被没收的 662 万石领地中的 80%，作为增加的部分被分配给胜方中被秀吉提拔的大名。家康虽然在事实上获得了给大名分发领地的权力，但那时他还不能发放秀吉在分配领地和增加部分时给大名发放的领知朱印状。因为，家康还没能让丰臣政权下曾是同辈的各大名臣服于自己。

江户幕府的成立

家康制作了作为源氏一族新田氏后裔的谱系，于庆长八年（1603）被朝廷任命为征夷大将军，在江户开创了幕府。自庆长九年以后的十一年间，他效仿秀吉让各位大名提交国绘图和御前帐，试图借此掌握大名的领地。庆长十年，他辞去将军一职，让儿子秀忠接受将军宣旨。据说，为拜领宣旨而上洛时，德川氏的队列效仿了源赖朝在平家灭亡后的建久元年（1190）第一次上洛时的先例。庆长十二年，家康将江户城让给秀忠，移居骏府，也将德

104

川谱代家臣和以关东为中心的统治交给他，但这并不是说德川氏已然换代。家康让秀忠就任将军，是为了表明他不会将政权交给丰臣秀赖的政治意志。所以之后家康作为大御所继续掌握着实权。

他吸取出兵朝鲜的教训，不驱使各位大名参加战争，通过让他们前往江户参勤、建设作为全国统治据点的城与城下町，动员他们参与主要河川的治水工程（天下普请、御手传普请），努力维持、强化体制，对外则修复被秀吉破坏的和中国、朝鲜的关系。因此得到各位大名支持的家康，于庆长二十年五月，在大坂城灭亡了拒绝臣服的秀赖，巩固了德川氏的政权。似乎就此安心似的，家康于次年元和二年（1616）去世了。

次年，秀忠率大军上洛。让各位大名陪伴其左右，显示出家康对各大名的军事指挥权现在转移到了秀忠身上，上洛的目的之一就是炫耀这点。此时，德川将军给大名、公家、门迹、各寺社发放的领知朱印状，成为之后将军换代时发放的领知朱印状的滥觞。

幕藩体制

105　　　直到庆应三年（1867）第十五代将军庆喜大政奉还的二百六十四年间，江户幕府作为对内统治全国、对外代表日本的政府发挥了其功能。以中央政权江户幕府及拥有独立领国的藩为统治机构的政治社会体制被称作幕藩体制。从某个层面来看，可以说幕府完成了秀吉创造的全国支配体制。不单是"公仪"这个称呼的共通性，而且从上述这一点来说，将丰臣政权称为幕府也并不奇怪。

幕府是由谱代大名和旗本、御家人组成的军事组织，同时，作为其首长的将军对全国进行支配。大名虽然接受《武家诸法度》（1635 年）等统制，但原则上其领国内的政治、法制、经济等方面的独立性是得到承认的。但是，大名揣测幕府的意向，实行贴近幕府的政策。

幕府的支配组织

幕府初期的支配组织是这样的：依靠家康这个魅力型支配者的恩宠和信赖而得到任用的"出头人"等，在年寄、奉行众、代官头等职位上，根据其能力承担必要的政治性职责。出头人的权势来自主君的信任，而随着天下人的交替，失去权势也在所难免。家康死后，本多正纯等人失势；秀忠死后，第三代将军家光疏远了秀忠大御所时代的旧年寄们。于是，新的年寄众的职务逐渐被限定并且成文化，采用合议和月番制（每月指定负责人，让其交替出勤），年寄与大目付（监督各种事务，监察各大名的行动，揭发各官僚的渎职）、三奉行［寺社、（江户）町、勘定］等同列，成为将军直辖的下级机关。但是，当家

106

光因为生病而怠于政务时，行政就发生了延迟和停滞。

宽永十五年（1638），康复后的家光将大目付以下的各职位配置到松平信纲等三人辖下。这被看成老中制度的成立。此外，家光的小姓组番头（亲卫队队长）出身的"六人众"作为"若老"抬头了，这是若年寄的前身。此后，老中主要管理幕府的全国支配相关的问题，若年寄则指挥、管理旗本、御家人等，掌握了幕府内部。

旗本、御家人

最初在德川氏的军团里，谱代大名和旗本没有区别。通过对大番、书院番、小姓组（称为三番）为主力的将军直辖军队的重新编组，旗本诞生了。在此过程中，1万石以上的家臣被定为谱代大名，从德川氏的军团中独立出来。江户时代大名的标准为1万石以上，这个规定也通过宽永十一年（1634）的老中法度和次年以旗本为对象的诸士法度改定而确定下来。

旗本是能谒见将军的"御目见"以上地位的人，旗本和御目见以下的家臣（即御家人）总称为直参或者幕臣。享保七年（1722）的调查显示，旗本有5205人，御家人有17399人。旗本和御家人有义务居住在江户（在府）。旗本基本上在幕府中拥有职位，但没有任职的人也不少。有职位的旗本分为负责军事性任务的番方和负责行

107

政、司法、财政的役方。刚开始是番方受到重视，但随着和平时代的持续，役方逐渐被重视起来。

番方的任务是负责江户城的警备（一部分人以一年为期限前往大坂城、京都二条城执行任务）和将军出行时的警卫，大番以下的三番之外还有新番、小十人组，共五个番（五番方）。番方中设置了番头，率领组头、番士执行任务。番方中的一部分配备了与力、同心等御家人担任的下级职位。役方负责行政、司法、财政等各种工作，根据职业种类也会配备御家人作为其下属。

大名与藩

大名统治的领域及其统治机构被称作藩。但是藩并不是公开的名称，正如将军给大名发布的分配领地的文书叫作领知朱印状一样，当时藩被称作"领知"。从明治元年（1868）维新政府将原来大名的领地称作藩，到三年后的废藩置县，"藩"这个词被当作正式的行政单位使用的时间很短。

江户初期的藩不足 200 个，幕末时有 266 个。将宽文四年（1664）的藩按领知的高低来看的话，50 万石以上的藩有 6 个，而不足 5 万石的藩占据了近 6 成。此外，根据和将军家的关系，藩大体可以分为亲藩（三家、家门）、谱代、外样。谱代藩的藩主是德川氏掌握霸权以 108

前就已经是其家臣的拥有 1 万石以上领地的人，以老中为首的幕府要职由他们来担任。外样大名是德川氏在统一全国的过程中向其称臣的大名，可以分为原来是战国大名的，以及被织田信长、丰臣秀吉提拔的大名。宽永的《武家诸法度》规定了谱代大名也有参勤的义务等，这些措施使得谱代大名逐渐变得像外样大名一样。

大名让家臣集中居住到城下，让他们担当番方和役方。除了民政的町奉行、郡奉行以及代官等之外，役方还担任寺社、勘定、金藏等各种奉行和役人。家老、留守居役以及轮到出勤的番士长住在江户的宅邸。很多藩都有按身份将家中分成三类的制度，即上级家臣的侍（上士和士分，其上层是骑士）、下级的徒士（下士），以及足轻以下。侍和徒士按照有无谒见藩主的资格来区别，比照幕府来看，侍相当于旗本，徒士就相当于御家人。三种身份之间的区分很严格，由侍和徒侍组成的武士与足轻以下的人之间的差别比前者内部的差别要大得多。足轻基本只限于一代，他们很多被当作下人和杂役使唤。他们大部分是被雇用的领内的农民，卸任之后就回到农村。在发达的近世社会，与其说是兵农分离，不如说是士农分离。

地方知行和藏米知行

109　　根据统治方式可以将江户时代的大名领地划分为大名

直接支配、收取年贡的藏入地和分配给家臣的给地（家臣知行的部分）。家臣有地方知行和藏米知行（俸禄制）两种支配给地的形式。所谓地方知行是指像战国时代的小领主一样，家臣从大名那里以某村几百石的形式得到一定的土地和百姓作为俸禄，然后直接支配这部分领地，收取年贡。能有此资格的多为上士以上的家臣，在幕府中也处于上、中级旗本的地位。话虽如此，江户时代大名的领主权变得强大，家臣的支配权在行政裁判和租税征收方面受到限制（大多数时候，年贡占石高的四成左右），随着他们集中居住到了城下，比起初期，家臣的支配权被削弱了很多。

与此相对，只是名义上得到给地，由幕府的代官或者藩的官员统一进行支配，将相当于给地年贡的米和钱从幕府和藩的米仓中分春、夏、冬三季交给家臣，这被称为知行取（藏米知行）。还有一种切米取，以没有给地的旗本、御家人中身分低的人以及藩的中下级武士为对象，采用和知行取相同的方式，按照俸禄额支付。除此之外，还有同样从藩的米仓支付的形式，叫扶持米，每个月支付，通常是按每个人一个月的粮食玄米 1 斗 5 升来估算，以"几人扶持"的形式来表现，专门以足轻阶层为对象。

江户初期，20 万石以上的大藩很多都采取地方知行制，从地域来看多在东北和边境地区。但是，17 世纪之 110

后，很多藩废除了地方知行，转为藏米知行。元禄三年（1690），以外样和大藩为中心，实行地方知行的藩有39个；以谱代和中小藩为中心，实行藏米知行的有204个。由此可见，17世纪末藏米知行成了知行制的主流。大概可以将中世武士比喻成中小型的独立自营业者，将近世武士比喻成靠俸禄生活的人。但不能说近世的武士变成了上班族，因为俸禄不是单纯的工资，而是靠先祖的奋斗特别是战斗中建立的功勋所得到的德川氏和大名承诺的作为家业的财产，是世袭的经济特权（家禄和世禄）。

和武士的城下集中居住一样，我们不知道向藏米知行的转换是不是在明确的政策意图下推行的结果。原因如下。在德川最初的三代将军以及第五代将军纲吉的时候，很多大名被改易了。所谓改易，是指将武士以上身份的人除名，没收其知行、俸禄、房产。除此之外，还有减封、转封（也称为国替、移封）、解除职务等措施。其结果是，很多武士失去了知行，并且因为多次转封，失去了与其原本根据地的联系，没能在新的地方重新建立地方知行。

第三章　武器与战斗

1　中世前期的战斗

弓马之艺的实际状态

前面已经强调，武士的本行技艺是弓马之艺以及马上
的射艺，但要想再现使用这些技能的具体战斗场景是很难
的。在这种情况下，下面的事例可以作为一个参考。

治承、寿永（源平）内乱刚开始的时候，相模的三
浦氏和当时平家一方的畠山重忠等武藏武士在镰仓由比
滨进行了战斗（小坪合战）。延庆本《平家物语》（请参
照第85~86页）中描绘了以下场面（该书"第二"末
尾）。当时三浦一族的和田义盛对身经百战的老练武士
真光（姓不详）说，自己虽偶尔打过"盾突战"，但打

"驰组战"还是头一回。真光便讲道：在"昔日"的战斗中人们不会射马；但从"中间的时代"开始，人们会先瞄准对方坐骑的太腹（腹部隆起并下垂的部分）射箭，让敌人从马上落下；而到了"近代"，则一开始就有意并驾齐驱，在马上厮打（格斗），人落到两匹马之间后，再用长刀和腰刀（佩戴在腰间的没有护手的短刀）决一胜负。

112

盾突战

和田义盛所熟悉的"盾突战"定型后成为以下形式。战斗始于双方的互射，两军在战场上用盾牌排成墙对峙，根据兵力的多寡，双方的距离从 5 ~ 6 段（55 ~ 65 米）到 1 町（109 米）不等。两军发出三次呐喊，作为开战的信号，派出骑兵射出鸣镝，对方也同样派出骑马武者回射鸣镝。所谓鸣镝是指在尖端安装了镝（芜菁形状，镂空，凿出数个孔）的箭，很多是雁（狩）股（后端分成两个尖角，内侧安装带箭头的矢）形式。在空中飞行时，风会灌进镝的孔中发出独特的声响。

接下来便是越过盾牌相互射箭。这是集体齐射，箭从空中密集地落下，正如"箭如雨下""万箭齐发"这些常用表达说的那样。两军出乎意料地接近是因为考虑到弓箭的有效射程吧。不知是否因为这过程平淡无奇，军记物语等关于这部分的叙述太过简略，仅有的描述也非常相似。但是，弓战的优劣有着决定胜负趋势的重要意义。这时，不仅是步兵拉弓射箭，骑马武者也会以盾牌防身，骑在静止的马上射箭。这也属于骑射的一部分。

义盛此时虽已 34 岁，但只会盾突而没有驰组的经验。所谓"驰组战"，是指相互骑马对射的战法，让敌人处于弓手方便射箭的左前方，将其射落。这对马术和箭术两方面的水平都有较高要求。义盛应该不缺少作为武士的经验，就连他都如此的话，说明盾突战应该才是日本战斗的一般形式。据《扶桑略记》天庆三年（940）二月八日条记载，平将门战死的那一天，被射杀的人达 197 人，缴获的武器有平盾 300 枚、弓和胡箓（装箭和携带的容器）199 组、太刀 51 把。由此可知发生了以大量的盾牌护身、以弓箭为主的战斗。

说起来，意为战争的古语イクサ（ikusa）中的イク（iku）的词源和イクタマ（ikutama，生魂）中的イク是一样的，是称赞力量大的词语。サ（sa）和サチ（sachi，矢）同义，指箭（『岩波古語辞典』『日本国語大辞典』）。イクサ指作为武器的强有力的箭，转而指称射箭及射箭之人（兵士、军队），还通过"軍立ち"（ikusadachi）等用例，延伸出射箭交战之意。

驰组战

　　盾突战持续一阵，发现敌人动摇之后，骑马武者们就会从盾牌之间蜂拥而出。这时，骑马武者各自都带着徒步的小集团。刚开始，这些小集团会集中起来，保持某种程度的队形，随着时间推移，每个小集团会变得零散，敌我犬牙交错，变成混战状态。驰组战或许就是指这个阶段吧。胜负明了之后，败者一方则三十六计走为上计。战败时勇者也会变成懦夫，所以驰组战之类是很少见的。尽管如此，可以说是文治五年（1189）奥州合战中唯——一场激战的阿津贺志山（现福岛县伊达郡国见町）之战就是一个例子。

　　在这场战斗中，战败的奥州藤原氏一方的总大将国衡想要逃走，正准备翻过田埂时，追上来的和田义盛折回来呼唤国衡决一胜负。然后，"国衡报上自己姓名，掉转马头。两人争相让对方处于自己左前方。当国衡搭上14束箭的时候，义盛放了13束箭。在国衡还没拉弓之前，义盛的箭就射穿了国衡盔甲的射向袖（左右成对的袖子，覆盖在肩膀上，防御箭和刀剑。射向指的是对射箭一方来说的左袖。参照第51页的图1-4)，命中其手腕。国衡因伤痛而拉开距离退后了"（『吾妻鏡』同年八月十日条)。义盛还打算再次放箭，这时，畠山重忠率大军杀了

114

过来。逃走的国衡虽然骑着奥州第一骏马，但因偏离了田埂陷入泥田，即使不停挥鞭也无法让马上道。于是重忠的客将大串次郎等人迅速取下了国衡的首级。

箭的 1 束是除拇指以外的 4 个手指的宽度（7.5 厘米），标准的箭长是 12 束，所以，国衡和义盛两人使用的都是大箭和大弓。相对于义盛的 13 束箭，国衡的 14 束箭射出时需要更多的力量和时间，于是国衡就先被射穿了射向袖。这个例子是骑马武者分别在对方的左前方对战，虽然两者都骑着马，但给人的印象是停马之后或者缓慢移动着战斗。关于其意义将在后文详述。在内乱开始时还没经历过驰组战的义盛，在奥州合战的时候已经作为练达之士出场了，这一点耐人寻味。

将马当作目标是"近代"的倾向

关于延庆本中的真光所说的话，《源平盛衰记》中相应的记述是"以前没有射马的。近年，因为敌人（的盔甲）没有间隙，就先射马腹，让马的主人翻倒，当他要站起来的时候再'追物射'"（卷二一）。延庆本中提到，在"中间的时代"人们会将马当作攻击目标，而到了"近代"则演变成骑在马上对打、在地面用太刀砍杀或对打。而这则记录提到"近年"也有将马当作攻击目标的，所以实际上两者应该是并存的。

源平内乱是盔甲的防御能力急速提升的时期，若不是射中盔甲的间隙或内兜（颜面），就不会造成致命伤。驰组战中自己和对方都在移动，很难射中目标，所以自然就会瞄准目标较大的马。我们不知道延庆本所说的"中间的时代"是指什么时候，但两者的"近代""近年"当然 116 都是指接近治承、寿永内乱的时期。因为有效命中的难度高，画中所描绘的那种驰组战虽说是"以前"的战斗形式，但也不可能那么常见。更不要说和之前的战斗相比，治承、寿永内乱时期的参战兵力增长了一两位数，技术纯熟者已经变得相对较少，当然不会发展到以驰组战为主，就算有，也只是在某个历史时期流行将马当作攻击目标罢了。

追物射

《源平盛衰记》中所说的"追物射"指的是骑马者踩着日本特有的舌长镫（放脚的部分很长很大，呈拖鞋状），站在马上，身体前倾，瞄准左前方逃跑的敌人（猎物）放箭的射箭术。狩猎是武士在和平年代磨砺马术的重要机会，在镰仓初期，赖朝常常举办大规模的狩猎活动。从骑马前进的敌人的背后放箭也是追物射。这种情况下，射箭者和前方敌人的相对速度接近零，比起面对面擦肩而过的情况，此时没有敌人的进攻，能从容地瞄准敌人，命中率也要高得多。另外，站在马镫上的原因是，日本的弓长超过 230 厘米，从全世界来看也是罕见的长弓，坐在鞍壶（前鞍鞽和后鞍鞽之间，人跨坐的地方，参照图 3 – 1）上的话很难操作，并且，膝盖的反射可以吸收射箭时马的上下起伏。

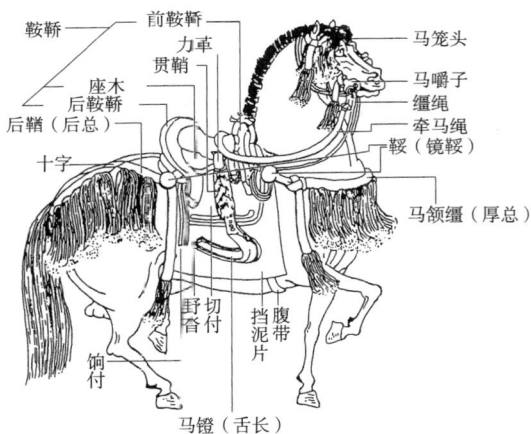

图 3 – 1 大和鞍（日本化的鞍）的构造
（转载自鈴木敬三编集・解说『古典参考资料图集』
國學院高等学校、1988）

日本的本地种马

在这里介绍一下他们所骑的日本马。1953 年，镰仓市材木座遗迹中发掘出大量人骨和马骨，学者判断这些是在新田义贞攻打镰仓的战斗（1333 年）中留下的，引起

117

了广泛关注。兽医学者林田重幸研究了出土的镰仓马的四肢骨，指明这些马的身高（从马蹄到肩部）是 109～140厘米，平均身高 129.5 厘米，属于中等体型的马。因为材木座的马已经被推定为军马，尽管在当时来说算是较大的马，但和平均身高 158 厘米的英国纯种马、150 厘米的现代日本马相比，是相当小的（图 3－2）。

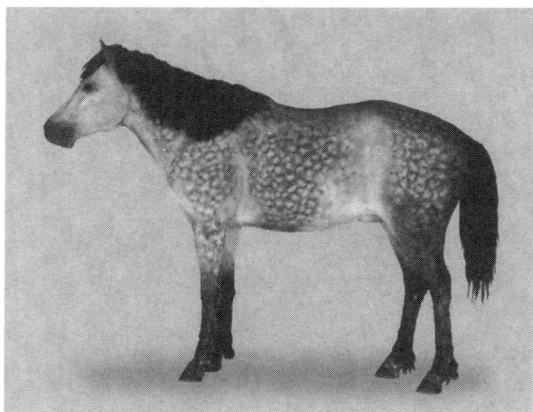

图 3－2　镰仓时代的本地马复原模型
（连钱苇毛，现藏于馬の博物馆）

译者注：连钱苇毛是马的花色名称，指带有灰色
圆形斑点的皮毛，又称虎苇毛、星苇毛。

马的负重标准是自身体重的三分之一，超过这个重量，其行走能力就会减少三成。盔甲是很重的。根据对遗物的实际测量，截至镰仓前期的全套盔甲的重量是
118　22.66～32.4 千克。NHK 的电视节目《邀请您来到历史的

世界：义经的骑马军团》（1979 年播出）中进行了这样的实验：让身高 130 厘米、体重 350 千克的本地马驮着相当于盔甲、头盔、马鞍重量的 45 千克和骑手体重的 50 千克，合计 95 千克的东西，马的速度立刻从驱步（每分钟300 米，gallop）降到了速步（快步小跑，每分钟 150米）。10 分钟后，马大大地甩了头，终于进入奔跑状态。

现在 148 厘米以下的马被归类为小型马，所以当时的马都是小型马。用看惯了现在赛马的眼光来看，当时的马不管怎样看起来都很寒碜。英国纯种马本来是让英国的本地品种和阿拉伯马等东方品种交配，经过 100 年以上创造出来的人工马。战前陆军使用的也是现代日本马，它是将本地品种用西洋品种不断改良后的产物，所以单纯用体型大小来比较的话，本地马也太可怜了。

没有被阉割所以粗暴的马

据说本地马是粗暴的马，即所谓的"口强马"，踢人咬人、脾气暴躁的马当时被称作"颇负盛名的恶马"。体型较小的马也能勉强经受苛刻的负重，就是因为其性情粗暴。而烈马是因为原本性情暴躁，再加上没有被阉割。

大规模饲养家畜的畜牧民只让少数优良雄性负责生殖，其余的则在其 4 岁时进行阉割，训练它们用于畜牧、交通、驿传、狩猎和战斗。被阉割后的雄性失去了性冲动和生殖能

119

力，性情温顺。日本列岛的畜牧一直不发达。所以，没有必要成群管理家畜。据说，积极学习中国文化的日本却没有效仿宦官制，即阉割人类，是因为没能理解畜牧文化的想法。

到了明治时期，尽管近代陆军建立起来了，但军马都是雄性，阉割事宜迟迟没有决定。在 1894 年的日清战争①、1900 年的义和团起义（北清事变）时，日本军也带了雄性马到中国去。虽说在义和团起义中出兵的是列强的联军，但主力是日本和俄罗斯的军队。日本军的精悍似乎得到了高度评价，马却是不行的，又踢又咬，还被讽刺说"日本军用的是长着马的模样的猛兽"。

不管怎么说，因为不阉割，发情期的时候非常难办。《别所长治记》中有这样的记载。天正七年（1579），名为淡河定范的武将在摄津丹生山（现兵库县神户市北区）和秀吉军交战。淡河心生一计，事先收集了五六十匹雌马，当秀吉的弟弟秀长率五百余骑攻过来时，一并放出。于是攻击一方的马（雄马）就追赶雌马，跳来蹦去地打斗，淡河一方便趁乱获得了胜利。

需要牵马人

驰组战中，要操纵马前进或者左右转弯时，没办法腾

①　即甲午中日战争。

出拉弓的双手使用缰绳。要让马感知骑马人的意志时，便用镫触碰马的身体，或敲打、平击，或者将上身前倾后仰。但是，当时和现在（西洋马术）的鞍鞯（由前鞍鞯、后鞍鞯、座木组成的鞍的主要部分）和镫的构造非常不一样，驾驭马的方法也不一样。和西洋鞍比起来，和鞍的鞍壶较宽厚。腿短的日本人很难用膝盖有效地按压马腹。

性情暴烈的悍马，再加上不能使用缰绳，若是没有别的人来牵马，那就什么都做不成了。给骑士牵马的一般有两个人（运货的马的话则是一人），用牵马绳从左右两侧拉。古代的健儿是从郡司家的年轻人中招募的骑兵，会分配两名中男（17～20 岁有纳税义务的男子）作为"马子"。在实际的战场上，徒步跟随的杂色和舍人则充当牵马人的角色。

配置了牵马人的话，除了特殊情况，骑马者不会让马全力奔跑。行军或战斗中的移动速度取决于牵马人、杂色的步调和速度。我们在电影和电视剧中看到骑马武者集体策马飞奔的样子很是勇壮，但当时其实是没有那种场面的。就连今天这种坐上小个子骑手的大型赛马，也只能全速飞奔 200～300 米，而且本地马连马掌都没有。据说因为马蹄很硬，所以没有必要打马掌来保护。但是根据日本中央竞马会的测算，赛马在全力奔跑时，马蹄要承受相当于其体重八倍的重量。要让马蹄负重而不被踏破，就很难让其长距离奔跑。在驰组战中双方应该是用比今日我们想象的要慢得多的动作进行战斗。

欧洲中世纪的骑兵也并没有使用白刃（刀、剑、枪的总称）突击。骑着马的袭击并不是骑马飞驰或袭步（用最大速度奔跑），基本上是在马保持常步（慢步，马的行走速度中最慢的速度）或者小跑状态下，骑兵在马上一边用弓箭或火绳枪攻击，一边靠近敌人。禁止马上射击而全面依靠白刃突击的做法，是在瑞典的查理十二和普鲁士的腓特烈大帝之后，即 18 世纪以后才产生的。

122　　就中世来说，骑兵白刃突击的场面只能说是空想的产物。还有说法认为，骑马的效果不在于其速度上的优势，而是显示与徒步士兵在身份上的不同，将徒步行走时负担过重的武器、马具、装饰品等的重量转嫁给马。

乘替、杂色、童、旗指

当在战场上射马成为理所当然之事后，马就成了消耗品。就算并非如此，考虑到马的疲劳，在战场上也必须常备换用的马。乘替是骑着主人的备用马跟随的随从，承担着根据情况把马交给主人的任务。除此之外也有徒步牵着备用马的人。南北朝内乱初期，有个叫山内经之的武藏武士，跟随尊氏一方的高师冬转战关东东北部时，给留守在老家的人送去了很多书信。其中有指示说，因为激战，随从、马和马具都不够了，让百姓坐在借来的鞍和马具上骑马过来，如果鞍和马具不够的话就徒步牵马过来。

军记物语中多次出现这样的场景：主人在地面上使用太刀打斗或对打，形势不利快被击败的时候，杂色或童赶了过来，从背后杀死了敌人。还有这样的场面：马被射杀后，主人翻倒在地，刹那间随从"从马上飞下来，抱起主人骑上了马"，正是"用弓之人应有好的随从"（『源平盛衰记』卷二十一）。

在驰组战或追物射的战斗中，飞奔过去取下被射倒的敌人首级，是徒步随从的任务。反过来也有这样的场面：当主人被射落时，"为了不让敌人取走首级，牵着备用马的童飞身下马，砍下了主人的首级"（『源平盛衰记』卷二十）。虽然不被认为是战斗人员，他们却帮助主人作战，有时甚至比战斗人员还重要。山内经之在另一封信中指示留守老家的人严厉处罚那些逃跑回去的"又者"（跟随出战的仆人），让他们再次返回战场，由此可知很多家臣在战斗中逃跑了（『高幡不動胎内文書』），因为这是危险的工作。

除此之外，还有被称作旗指的人。旗代表着军队和集团，用于区分敌我或者显示军威。旗早在律令时期的军队中就出现了，镰仓时代以后也用作彰显个人或自家的标识。拿着主人的旗帜跟随主人的就是旗指。他们虽然是战

123

斗人员，但为了保持旗帜在风中不倒，不会携带弓箭和箙（中世武士携带的用于装箭的容器）。因为显眼，他们容易遭受敌人的攻击，伤亡率极高。

马是要吃饭的

马是生物，必须吃东西。对前近代的军队来说，确保草料是最重要的事情之一。军队的远征是一边放马吃草一边前进的。义经军队在攻打驻扎在一之谷的平家时，前进100公里花了三昼夜，推算出来的行军速度是时速4公里。马填饱肚子大约要1小时。没有谷物的时候就要吃大量的草，必须在宽广的范围内边吃边走。因此，大概半天放牧，让马吃草，剩下半天行动。所以，在雪大的冬天是不可能进军的。奈良时代的镇守将军大野东人要开辟横断奥羽山脉的直路，离开多贺城进入出羽时说道，"贼地雪深，马刍难得，所以雪消草生，方始发遣"，便撤军了（『続日本紀』天平九年四月十四日条）。

割草人的工作

当无法放牧或要圈养的时候，人就必须割草来喂马。截至平安前期的中央马寮中有割草的仕丁（在官厅等地做杂役的人）148人。他们四月十一日开始给马喂青草，十月十一日之后喂干草。武士也有专门喂马的随从和搬草的"草刈马"。据记录，摄关时期伊势平氏维衡的割草人和藤原保昌的喂牛人发生了口角，由此可见，这种随从和喂牛的人是同样级别的。在治承、寿永内乱时期，平家怒骂背叛的地方武士"昨天还侍奉着平家，给马割草、打水的家伙们"（『源平盛衰記』卷三十六），可见他们的身份并不正式。125

在即将开战的战场上，割草人甚至会到敌人阵营附近割草，还会有这样的场景："源平两方各自让马食草和兵粮，这时，平家逮捕了源氏的割草人，源氏逮捕了平家的割草人，相互逼问对方军事会议的结果。"（同卷二）

正如书中描述的那样，"连随从和仆人都带着钉耙、镰刀"，在紧急时刻他们拿着割草用的、刀身呈直角的长柄大镰刀参加战斗（同卷三十七），"不管对方是人是马，刺、戳、砍、割，所到之处如旋风过境"（同卷四十二），战斗力非常强。

当然，也能用复合饲料喂马。很久以前，人们就把粟米、半糠米、蒸过的大豆按 1∶3∶2 的比例混合，再加上少量的盐，喂给马厩里的上等马。战国大名在远征时会准备这样的东西当作马的饲料，供给军队。天正十五年（1587），秀吉进攻九州时，被动员的武士在到达九州的军营之前必须自理兵粮和马秣，到了之后则可以领取。这是考虑到行军中的放牧和在战场上割草会消耗时间，加强对军队行动的管理，行军就变得迅速了。

2 关于刀的种种

在马上用太刀打斗

126   延庆本《平家物语》中记载道，"近代"后武士策马并行，扭住敌人扯其下马，之后就是用太刀和腰刀的对决。太刀对决是在站立状态下的战斗；腰刀对决是将对方摁倒，从盔甲的缝隙中用刀刺穿其要害。在中世，实战中使用的太刀、刀（打刀）、长刀等称作"打物"（uchimono），用打物进行的战斗叫打物战。太刀和刀的携带方式不一样，太刀是刀刃向下吊着，刀则是刀刃向上插在左腰处。

      虽说是太刀战，但当时的战斗是"拔出太刀战斗，（中略）因用力击中了敌人头盔的钵（覆盖头顶的部分），太刀从目贯（装饰在刀剑柄部侧面的金属物）处啪的一声折断了"（『平家物语』卷四），或者"打击头盔的钵，太刀相互擦过时发出的火光如闪电一般"（『源平盛衰记』卷二七）的程度，即猛烈地击打敌人的盔甲，让对方暂时失去战斗力。典型的做法是使劲击打头盔的顶部，导致对方脑震荡。在打物战的实战中使用的太刀，除了从刀尖

127 往下 6~9 厘米外，不会磨成太尖锐的。这是被称作"蛤

刀"（从侧面看呈蛤的形状）的厚实的大剑（『太平記』
卷三二）。磨得锋利的薄薄的刀很快就会锩刃，并不中用。

到了 14 世纪的南北朝时代，武士开始在马上用太
刀战斗。这时，很难两手握住刀柄去攻击对方，大多数
时候是用右手单手持刀去砍。剑法也一样。江户后期以
降，人们开始用防具和竹刀练习攻击对方的技艺（剑
术，请参照第 156 页之后的内容），在那之前的实战经
验没能流传下来，但日本武者本来是用单手挥刀的。
"要马术"指的是战场上必须掌握的马术。据江户后期
的马术家沼田美备所著的《大坪流军马摘要》中《马上
太刀攻击之事》所记载，在马上拔出太刀时身体必须向
马的右方压低，不然就会砍到马的脖子、切断缰绳。因
此，以相传是足利尊氏的画像而被人们所知的骑马武者
像为首，中世的绘画史料中，战士一开始就把太刀拔出
鞘，扛在肩上。

这本书还教授道，用太刀打斗时，"马若被砍，即刻
便输"，所以要多加注意，"以迎接敌人的太刀的姿势，
不动声色地闪身而过，让刀过去之后，再让马移动，从后
面斩杀敌人，绝不能砍向朝自己迎面而来的敌人"。这是
和追物射一样绕到敌人背后砍杀的战术。

镰仓末期以后，之前用来包裹颈部的护颈（从盔兜
的两侧垂向后方的东西）变成了"笠状护颈"，呈扁平地 128

向外突出的笠状，从肩部遮到背后。到了战国时代，将腹卷（以前叫胴丸，是比一般盔甲简便的徒步兵用甲胄）主体的背面接合处的缝隙，用背板（俗称胆小板）这种小铠甲遮住，也是为了防止在打物战中敌人从后面砍过来。《大坪流军马摘要》提醒不要让马被砍到，反过来说，就是要瞄准对手的马，用太刀的刀背击打敌方坐骑的脚或者喉部，趁马倒下的时候砍过去。

日本刀的出现

和日本画等一样，日本的刀剑开始使用日本刀这个名称也比较晚，是在幕末以后，指的是用日本固有的方法所制作的刀剑。因此，以什么形式为标准将刀称作日本刀，众说纷纭。但是，一般来说是镐造［镐是指刀刃和刀背（栋、峰）之间凸出的平行于刀身的棱线部位。刀刃宽、"镐地"狭窄的刀剑及其制作方法就叫镐造］的、刀反优美的弯刀（图 3–3）。

古代大刀的刀身是直刀形式的平造（刀背与刀刃之间没有镐，断面呈 V 字形的刀剑及其制作方法）或者切刃造（将镐做成靠近刀刃的形式的刀剑及其制作方法），将刀茎（中子）部分插入木质刀柄。后来两者都被废弃了，在日本刀出现之前，首先奈良时代到平安时代前期出现了平造的蕨手刀（刀柄头类似幼蕨卷起来的形状），然

129

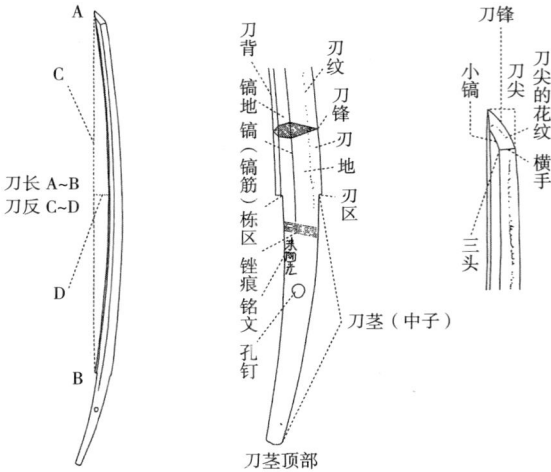

图 3 - 3　日本刀的各部分

后出现了平造的镢形刀（柄中央的细沟类似镢子形状），
其次是平造的带反柄的镢形太刀，最后就是带反柄的镢造
镢形太刀（图 3 - 4）。这些刀的刀柄和刀身都是用一整块
铁铸造的。蕨手刀常见于东北地区，是由俘虏铁匠铸造的
虾夷剑。镢形太刀是卫府官人的野剑（到野外时携带的
实战用的太刀），即所谓的卫府太刀，在院政时期也被称
作"俘虏之剑"（『長秋記』大治四年正月二一日条）。
俘虏也被称作"ゑふ"（efu），有职方面研究的专家铃木
敬三推测说，俘虏铁匠的作品被用作卫府（efu）的太刀，
所以俘虏就被称作"ゑふ"（efu）。

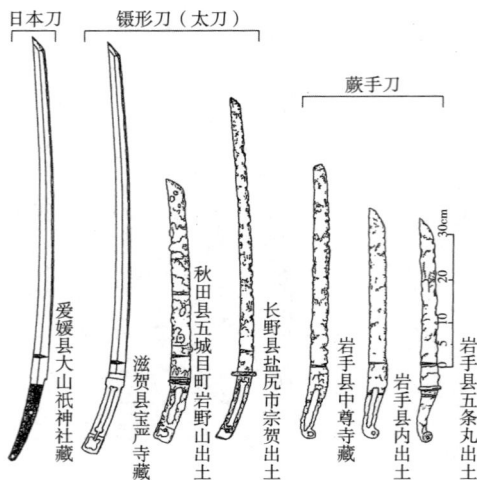

图 3-4　从蕨手刀到日本刀的变化
（出土刀的原图由石井昌国提供）

　　综合各种资料，锻造的镐形长刀是 10 世纪以后出
现的，而初期日本刀成形于 10 世纪后半叶，刻有代表
性名匠的铭文的日本刀出现在 11 世纪后半叶之后，在
各地广泛制造则是在 12 世纪。锻造的镐形太刀是不是
直接发展成带木柄的日本刀，还有待考证。但很难否
认，日本刀的出现是以虾夷乃至俘虏所制造的刀剑作为
媒介的。

太刀比不上弓箭

　　现在有学者主张，能用在马上斩杀的镐形太刀的出现

代表着中世个人骑马战术的出现，这是"战术革命"。但是，到镰仓末期为止还没有中世武士在马上挥舞太刀（日本刀）的例子，中世骑兵的主要兵器一直都是弓箭。电视和电影里骑兵的武器基本都是太刀，大概是因为对于演员来说，挥舞太刀要比拉弓射箭更容易发挥演技，而观看者也容易明白，但那与实际的历史是两回事。

理所当然，除了近身战之外，太刀是比不上弓箭的。芥川龙之介的《竹林中》取材于《今昔物语》第二十九卷第二十三：带着妻子前往丹波的男子被一同路的男子诱骗，用自己粗制滥造的弓箭交换了男子精美的太刀，结果，在山城、丹波交界之处的竹林中被对方用弓箭威胁，被绑在了树上，妻子被强暴，马和太刀也被夺走了，实在窝囊。故事结尾的评语说道："在山中将弓箭交给毫不相识的男子，实在愚蠢。"

《今昔物语》第二十三卷第十五讲述的是第一章出场过的橘则光的故事。他年轻的时候为了偷偷去见女人，沿着大内里东面的大宫大路往南走时，遇到了一群夜间盗贼。则光虽不是"兵之家"出身，但胆识和判断力过人，力气也大。他觉察到危险后逃跑，和盗贼们展开了殊死搏斗。则光依次用太刀杀死紧追不舍的三人。遭遇盗贼的则光在观察了对方的样子之后，"不见弓的影子，看到的是闪烁的刀光"，所以认为他们"没有带弓"，便安心了。

弓箭和太刀作为武器的威力是完全不一样的。

132 　　在以前东映①的古装电影中我们会看到，主角大显身手，众人畏畏缩缩，于是敌人的头目（基本上是邪恶的家老或者无良商人）就会拿出最后的撒手锏——弓箭或者火绳枪。这时主角就会大叫："用远程武器是卑鄙的！"但是在这个时代，没有人会发出这样的抱怨。

日本刀的神话

　　刀剑的制作需要高度发达的技术。加上对其尖锐形状的畏惧之心和赞美之情，自古以来，刀剑在世界各地都被当作神秘力量的象征。在此基础上，日本的刀还带有美术鉴赏的价值。我们现在在美术馆、博物馆等看到的刀甚至可以说美得奇异，是因为工匠把其表面烧得青黑后，将烧过的刀刃部分磨出白色，再磨刀背和镐地让其展现出比表面更黑的光泽，再以被称作ナルメ（narume）的工序研磨刀尖。在和平的江户时代，人们开始重视刀的锋利程度，于是研磨的方式产生了变化。再到明治时期，著名的本阿弥成重登场了。他在之前传统工艺的基础上加上美感，于是我们今天所见的艺术性的刀剑研磨技术便得以确立。

　　近年出现了刀剑热潮，据说刀剑特别受年轻女性的欢

---

　　①　东京映画株式会社，成立于1949年，是日本五大电影公司之一。

迎，这类女性被称为"日本刀女子""刀女子"，但我们不能只关注刀剑的美丽外形。谁都无法否定，刀剑本来的用途在于对人的杀伤力。无视刀剑的实用性而谈论日本刀是本末倒置。

如果缺乏实用和功能上的视角，各种各样的错误观点就会横行，比如认为日本刀是世界上最为锋利的刀，刀身弯曲是为了方便骑在马上向下挥刀，等等。但是，据说刀反本来意在与锻造组合在一起，提高攻击力。在铸造过程中，先敲打出日本刀的形状，即刀身具有一定曲度；在加热、放入水槽急速冷却后，薄的刀刃和厚的刀背因为冷却速度不同，膨胀和收缩的程度也不一样，于是最终形成明显的曲度。

如果在战场上使用日本刀

对于世界上最锋利的刀之类的说法，现在无法用人体去做实验来印证。但是，在战前的日军中，军刀是军备的一种，军官以及一部分下士官将其配在腰间。那些基本都是被称作"昭和刀"的、大量生产出来的产品，其中还有将家传的日本刀做成军刀的。关于后者的特性和威力，成濑关次在日中战争①中写成的《战斗的日本刀》（『戦

①　即抗日战争。

ふ日本刀』実業之日本社，1940年）最有说服力。他作为军属从军，有修理、保养约2000把刀的经验，此书便是其经验的总结。

他说，"有趣的是，根据兵种、战斗的难易程度、地形等因素的不同，刀的损伤可以按类归纳出共同点。比如，经历了不折不扣的血战之后的部队的刀，拿在手中一看，就跟盖印章似的，损伤的地方有四个共同点：刀柄绳的磨损；护手松动，孔钉处折断；刀尖多向左弯曲；刀身前端的刀刃有损坏"。他还说，"实际打起仗来，不需要所谓的名刀。只要这刀够偄，刀刃够硬就行"。

对此稍做解释便是，日本刀追求的是锋利和耐用、刚硬和柔韧这样的矛盾特性。所以，刀的内部用含碳量低的、柔软的芯铁，刀刃部分则用含碳量高的、非常硬的钢，再用处于芯铁和刃铁中间硬度的皮铁将两者包起来。虽然这样打造的刀容易弯曲，但如果将皮铁弄得过硬，刀就容易断掉。弯曲总比折断好。拿卫府太刀为例，在治承、寿永内乱的导火索以仁王之乱时，面对为逮捕以仁王蜂拥而至的检非违使，长谷部信连拔出特制的太刀奋战，"太刀弯了的话，马上把它掰直、踩直"（『平家物語』卷四）。

日本刀容易弯曲是因为它的刀身呈和缓的曲度，挥刀而下时，与其说是斩不如说是拍打。到了17世纪中叶之后的和平年代，人们开始厌恶战国时代以前又长又重、豪气粗壮的刀，开始铸造细长而优雅的刀。并且，将古刀从刀茎的一侧往上打磨，缩短其尺寸，让其变纤细。若是相信"日本刀的神话"，以为它连铁都能砍断的话，实际挥刀而下它就会马上弯掉。日本刀的柄，是按照刀茎的形状挖了两块板，将其夹起来，用精白米熬的糊粘起来，用金属将两端固定，再开孔。接下来，用线或者绳子牢牢地将其缠起来，这样可以加固刀柄，让其不易折断，并改善握柄时的手感。但是仅仅这样的话，刀柄的强度是不够的，所以竹质的孔钉处会折断，护手部分也会松动。

从马上的砍杀到地面上的砍杀

在 14 世纪，在马上的弓箭术变成了在马上的太刀战。 135 这时刀长超过 90 厘米的大太刀出现了，它能够直接触碰到敌人头盔。于是，此前总体较小的、要费尽力气才能戴到头上的头盔盔兜变大了，并且盔兜和衬里之间被加入了苔草和灯心草混合的缓冲材料。到了室町时代，为了增加缓冲效果，衬里和盔兜分隔开来（浮张），这是为了减小被击中时的冲击。

但是，骑在马上单手挥舞沉重的大太刀，对于马和马上的武士来说都非常危险。骑在马上和敌人离得太远战斗的话，挥舞太刀时难以保持身体的架势，而且马也会被敌我的刀刃伤到。所以，当骑在马上的太刀战变得流行之后，又开始转变为下马砍杀。关于这点，向欧洲介绍了日本战国时代情况的天主教传教士路易斯·弗洛伊斯（Luis Frois）提供了证言："我们（欧洲人）是骑马作战，而日本人到不得不战之时，就会下马。"（『日欧文化比較』第七章）。我们在明德之乱（1391 年）之后成书的《明德记》中也可以看到，骑马武者向敌人"冲过去，飞身下马，站到地面"，"右手握着鲜血染到护手处的太刀""砍了过来"。

前面说到，在中世是不可能有骑兵冲锋的。蒙古的"骑马军团"也常常下马战斗，而在日本战国时代的合战中，至少在初战阶段，两军下马作战是当时的常识。长筱合战中，武田军的各个部队"以大将为首的七八名主要人员骑马，剩下的人将马留在后方，下到地面挥舞长枪"（『甲陽軍鑑』卷六）。此外，典型的三河武士大久保彦左卫门忠教也规诫道：在大坂夏之阵时，骑马追击败逃的敌人是"从一开始就乱了阵脚的敌人"，因此"合战时，我们把敌人都赶下马来，将马驱赶到比后备（在后方待命的军队）更远的地方"，要是觉得武士无论何时都骑在马上的话，就太荒唐了（『三河物語』下卷）。骑马冲锋只限于胜败已定之时，用来追击乱了阵脚的逃跑的敌人。这则材料十分重要。《大坪流军马摘要》中也提到，"有说法认为，用太刀对决也分情况，有时下马来战会更加有利"。不可否认，这本书在某种程度上反映了室町、战国时代的实战体验。

大部分受的是箭伤

在太刀战变得普遍的中世后期，从军忠状（向主将汇报自己的军功以得到承认，待日后留作论功行赏的证据的文书）来看，战伤中箭伤的数量是压倒性的。淡穆·康兰（Thomas Conlan）网罗了南北朝时代的合战、伤情报告（"手负注文"，列举负伤情况汇报给主将的文书。自己和麾下受的伤都会变成战功），以进行战伤研究。据其研究，在 721 例中，箭伤有 523 例，占比约 73%。而矢田俊文对战国时代进攻备后志川泷山城（现广岛县福山市）的伤情报告进行了研究，227 例中箭伤有 125 例，占比约 56%。而使用太刀、长刀、枪等进行的近身战中负伤例子要少很多。康兰所给的数据是占总体的约 27%，矢田的研究也表明刀伤和枪伤合起来才占 23%。

上述数字背后可能有这样的情况：箭伤致死率低，所以被算作"受伤"；而用太刀等的近身战带来的多为致命伤，军忠状中一并被概括为战死，所以其原因没有被记录下来。从更根本的原因来看，近身战并没有我们想象的那么多，就算在南北朝时代，除了激战不断的元弘、建武年间（1331～1338），战斗还是以弓箭战为主。在本章的开头，笔者认为盾

137

突战一开始的弓箭战才是决定胜败的关键，就是基于这个判断。在治承、寿永内乱中也有一名贵族向后白河法皇汇报道："东国武士连人夫都携带着弓箭，所以平家是根本比不上的。"（『愚管抄』卷五）本来不是战斗人员的人夫都被要求带上弓箭，射出了让人想象不到的大量的箭，控制了战场，这就是赖朝一方取得胜利的原因之一。

138

既然弓箭战如此基础，那么为什么打物战或扭打拼杀等近身战还是占据了无法忽视的比重呢？对于这个疑问，铃木真哉的见解非常有启发性：对于武士来说，最明显能展示其战功的便是取下敌人的首级。铃木指出，日本的战斗基本是以弓箭（后来演变成火绳枪）为中心的远距离战斗，而之所以人们都抱有以白刃战为主的印象，是因为为了取下敌人首级，武士们就算不情愿也要和敌人接触，给因远程武器而负伤的敌人致命一击的是枪等锻造武器，取其首级则必须用刀。这种情况下主要使用的是像肋差那样的短刀。

3　鑓、火绳枪、城池
——以战国的合战为出发点

手鑓和长柄鑓

"やり"（yari）在日文中一般写作"枪""鑓"。日

本中世以后的茎式"やり"写作日本独有的汉字"鑓"。穗袋（刀身有孔，用以插入刀柄）式的则被叫作"矛"，以作区别。在古代，被记作"枪"的就是矛，使用时握着柄的中央，单手刺出；而鑓是右手握住柄的尾部接近石突（着地的部分）的部分，从左手的掌上滑过刺出去，再收回来。随着镰仓末期的徒步作战和使用锻造武器的普及，鑓和矛也开始被使用，到了室町末期就广泛地普及到每个阶层了。

柄长一间半（约 2.7 米）的叫手鑓，两间以上的叫长柄。手鑓也叫持鑓，取代了弓箭，成为非常适合武士骑在马上使用的武器。长柄也叫数鑓，是徒步的士兵和足轻的武器。天文二十二年（1553），信长和其岳父斋藤道三在尾张的富田圣德寺会面。据《信长公记》记载，会见时信长让随从们带了约 500 支"三间间中的朱鑓"、500 张弓箭及火绳枪。"三间间中的朱鑓"指的是枪柄为红色、长三间半的鑓。三间半，即约 6.4 米的长度是前所未有的。

如果鑓只是用来刺和挥扫的话，一间半的长度比较好掌握，太长的话就会很重。根据柄的材料不同，鑓还会弯曲，尖端会摇晃，很难用长鑓正确刺中离得较远的目标。要是刺空了，自己扑到敌人跟前那就完了。所以，要有效地使用这种长鑓，基本的做法是：统一鑓的长度，集体把枪尖并排着刺出去，防止敌人的突击，或者"齐心协力，

139

将枪尖并齐，一起从上往下将敌人拍倒"（『雑兵物語』上），或斜着横扫。当时的记录中零零散散会出现"相互拍击"的记述。这样的战术是少不了集体训练的。

火绳枪的登场

据说，天文十二年（1543），火绳枪（鉄炮）是由漂流到九州种子岛的葡萄牙人带来的。这是《铁炮记》的记载，但该书是火绳枪传来 60 年后的作品，不可尽信。天文二十年前后，中央的有权有势之人从泉州堺（现大阪府堺市）入手了火绳枪，而在南九州也有火绳枪传播的迹象，所以只把种子岛当作火绳枪传来的窗口是说不通的。虽说是西洋人将其传到日本的，但实际上当时活动在东亚海域的中国海寇作用很大。火绳枪之所以在日本各地得到普及，是因为爱好火绳枪的第十二代将军足利义晴将其作为礼品送给大名们，并且职业炮术师在各地游走，到处教授使用火绳枪的技术。有完全倾向于军事的说法认为，因为火绳枪的传入，战术和城池构造一下子就改变了。但是初期的炮术秘诀书籍里记载了非常多射击鸟兽的方法，这显示了火绳枪传来后首先是作为狩猎工具普及开来的。

永禄十年（1567），毛利元就教诲家臣道："特别是最近出现了叫'铁炮'什么的武器，世上（战场）到处是不虑之事（枪伤），所以大家一定不能掉以轻心，见到别人也要如此叮嘱。"（『毛利家文书』五四八号）不单单是毛利氏的记载，关于战国大名的合战和军役关系的史料中也出现火绳枪这一术语，是在进入永禄年间（1558～1570）以后。火绳枪被用在军事上并不像人们所说的那么快。堺是著名的火绳枪生产地，除此之外，还有近江的国友（现滋贺县长滨市）。1555 年至 1560 年间，国友有锻造火绳枪的铁匠，他们制作了作为礼品的上等火绳枪。天正年间（1573～1593），大量火绳枪被投入战斗。国友的铁匠也变得活跃起来，还到别的领国去挣钱，不少铁匠就被该国的大名雇用了。

火绳枪在战斗中体现出效果之后，各国大名就以直辖地的收入作为财源，努力组编机动力强的"铁炮众"。随着火绳枪的常备化，炮术师就被安排到大名家臣的手下负责严格的实战性训练。纪州根来、杂贺（现和歌山岩出市、和歌山市）所谓的僧兵和乡村武士装备了大量的火绳枪，并作为雇佣兵转战畿内各国。在丰臣秀吉出兵朝鲜时，火绳枪作为主力兵器发挥了威力；在大坂之阵时，火绳枪的技术达到了巅峰。

长筱合战的实际情况

比起火绳枪，弓箭在命中率、杀伤力、射程等诸多方面都存在劣势。但是，在火绳枪普及之后，弓箭还是作为足轻的主要武器被一直使用着。弓箭不需要火药和子弹那样昂贵且难以筹集的消耗品，也能在雨中使用，能快速地持续发射，也不需要花费时间和金钱去进行操作上的训练。出于这些理由，弓箭能弥补火绳枪的弱点。

早些时候的历史书中会写，织田信长很早就关注到火绳枪，在军事上将火绳枪战斗体系化，在天正三年（1575）的长筱合战中，信长将3000支火绳枪平均分成三组，让每组轮流进行齐射，给无敌的武田骑兵队造成了毁灭性的打击。但是这种一般说法现在已经被否定了。

如前所述，当时不存在只由骑兵编成的骑兵队，武田军也是。每一位家臣根据自己的知行量（贯高）率领指定数量的骑马武者和徒步士兵参战，在指定的侍大将手下行动。他们就是援助强大武将（寄亲）的寄子（寄骑，即与力）。比如，长筱合战后的第二年，从知行地能收取134贯300文年贡的初鹿野传右卫门昌久，要负担的军役是分别拿1支火绳枪、1张弓、5支持鑓、1杆小旗的8个人，加上他本人便是9人。骑马的初鹿野氏亲自率领小团体一起行动，而不是单独出来作为骑兵集体生活、进行团队训练。

织田军一方也是，如果1000支火绳枪整整齐齐地开火并且三组轮替，就会浪费很多弹药，从火药管理的角度来看是危险的，而每个枪手的技术熟练程度也不一样，所以事实上是不可能的。说到底，骑兵军团在整条战线上同时一起突击的这件事情本来就不可能，也没有必要（图3-5）。《信长公记》的作者（太田牛一）亲笔写的版本是"千余支"，池日家文库本则是在"千余支"前加上"三"字，被当作最初的版本流传开了。"3000支火绳枪"的说法应该是这样来的。

图 3-5　长筱合战的现场（作者拍摄）

中央的小河是连吾川，左手边的丘陵是织田军的阵地。《甲阳军鉴》中记载，"长筱合战的战场并非十匹马可以并排奔跑的宽敞地方"。

从中世的城到近世的城

到了战国时代的15世纪中叶以后，人们开始大量在山上建造用作防卫的小城，这些小城和山下的宅邸化为一体。随着军事紧张气氛加剧，很多士兵需要长时间固守山城。小城得到扩张，增加了居住的功能。战国大名的本城中，如果山麓的宅邸是别邸的话，那么山上的城郭（曲轮）就是正宅。当大名的权力变得强大之后，国人领主的本城就变成了大名的分支城池。此外，如果在统治领国和军事上有需要的话，大名还会根据目的新建各种分支城池。这些动向让筑城技术得到了飞跃性的发展。

后来，大名的居城不单单是作为军事据点，其作为政治、经济中心的作用也开始受到重视。所以，就有必要建设实现家臣集中居住，以及作为其经济支撑的城下町。以前的山城在地形和交通方面都有不适合、不方便之处，所以就转移到了平原或者平原中的小山上。早期的例子就是织田信长的安土城。信长住在山顶的天守（到了秀吉的大坂城阶段，天守只是为了炫耀权威，大名们都住到了本丸御殿里），从正门到天守、本丸之间的石阶大道（正门的道路）两侧有很多石头垒砌的院式建筑（郭），信长让家臣们住在那里。建在平原的近世城池备有火绳枪等以强化防御能力。其中心是护城河和石墙。护城河又宽又深，靠城池的一侧有石墙。

信长的继承人秀吉于天正十一年（1583）利用大坂石山本愿寺的旧城，开始了大规模筑城。筑城分为第一期（本丸）、第二期（二之丸），之后中断了六年，第三期是从文禄三年（1594）起，第四期则始于他临死前，到庆长五年（1600）为止。安土城是近世城下町的先驱，而大坂城的规模更大。第三期还挖掘了围绕城下的被称为总沟的壕沟，在城南的上町台地集中安置了各位大名的宅邸，配置了寺院，在水运方便的西边的洼地建造商人和手工业者居住的町。从城池的防御和町的经济发展的角度来看，有规划地布置了武家地区、寺院地区、工商地区的大坂城是近世城下町的典范。

从倭城到大坂城陷落

秀吉出兵朝鲜前，在肥前的东松浦半岛的北端（现佐贺县唐津市镇西町）建了名护屋城（1591 年）作为进攻基地。当朝鲜战局不容乐观时，将战争的目的调整为割占朝鲜南半四道，在以釜山为中心的朝鲜半岛南海岸和岛屿地区建造了约 30 座城。秀吉想通过这些城确保占领地区和供给路线的安全。筑城的任务分配给了出兵朝鲜的各位大名，用了两三个月的突击工程完成。这些基本是日本式的城郭。将码头和背后山顶的主城郭用两面以上的巨大的长城墙（登石垣）连接起来，把内部的居住区域和用作堆集物资的土地围起来。这些被称作倭城，极大地促进了日本此后的筑城技术的发展。

庆长五年（1600），在关原之战中获胜，成为天下

145

人的德川家康对各大名进行了转封。于是各大名开始重新建造正式的居城。家康进入江户城是在天正十八年（1590）的小田原之战后，庆长八年开创幕府后，第二年开始扩建江户城，庆长十一年开始进行大规模的改建，江户城转型为近世城郭。在那之后，经过数次工程，江户城逐渐具备了符合幕府大本营地位的威严。和筑造大坂城时一样，家康采取让各大名分担完成工程项目（天下普请）的方式。于是，以修建城墙为代表的筑城技术在全国得到了普及。

家康从庆长十九年开始进攻大坂城，次年灭亡了丰臣氏。攻克大坂城的战斗成为大坂之阵的核心部分，这是检验近世城郭在实战中到底具备多少防御能力的机会。德川军在冬之阵时对大坂城久攻不下，在夏之阵时，因为采用了政治策略，填平了总沟以及二之丸、三之丸的壕沟，迫使大坂一方不得不在城外作战，损失兵力，无力守城，最终打败了对方。

146　　秀忠时代的元和六年（1620），德川家为了将丰臣氏的印迹从世上全部抹去，在本丸部分堆起 9 米以上的土堆，再在其上花了十多年时间建了新的大坂城。这就是现在的大阪城。"壕沟之深，石墙之高"都是秀吉"旧城的两倍"（『藤家忠勤録』），天守也要大得多，地点也和之前不一样了，完全是一座新的城郭。

中世和近世的军役的不同

战国大名的军役以贯高为基准，与此相对，近世大名的军役是根据石高来征课的。看上去两者似乎是一样的，但对于战国大名来说，他们要承担的军役只有出阵的战斗人员及其携带的武器，而近世的军役除此之外还包含将出征队伍装饰得华丽威严的道具和搬送兵粮的人员。

庆安二年（1649），在身为旗本的军学者北条氏长（请参照第178页）奉第三代将军家光之命起草的军役规定的草案（实际上并没有发布）里，以900石的旗本为例，他要承担的军役总共为19人，具体包括："侍（实际上是若党，指没有骑马资格的奉公人，会参加战斗）5人，甲胄持2人，立弓持1人，带火绳枪的1人，带镰的2人，提草鞋的1人，牵马的2人，沓箱持1人，挟箱持2人，小荷驮2人。"（『德川禁令考』前聚第一秩）提草鞋以后的人是不带武器的。甲胄持是搬运主人盔甲的人。挟箱中放的是外出时必备的日常装饰、替换衣物，让随从用棒子担着。小荷驮是负责管理运送兵粮、弹药、营建道具等物，被当作驮马的人。他们都各自专门承担相应的工作。

在身份制社会中，需要有人照顾主人的起居，彰显其作为主人的身份，夸耀其武威。虽然在中世也存在这样的非战斗人员，但他们并不是动员一方的负担，而是在被动员一方自己负担成本的前提下奔赴战场。如此一来，如"因粮于敌"（『孫子』作戦篇）所说，负担被转嫁到了远征目的地，对当地村庄的掠夺就变成了常态。而在和平的近世社会，这是不被允许的。于是，动员一方必须负责出战过程中的兵粮，并且事先把握总人数。但一直雇佣这么多人的负担是很沉重的。所以，辎重队作为一种"役"被分配了被征调的百姓。并且，虽然幕府没有明文规定，出战时必不可少的木匠、铁匠等手工艺人也根据其身份被动员了。

在有关战国时代战斗的书籍中，常常有 2 万或者5000 人兵力的军队出场。人们常认为这些全是战斗人员，但根据前面所述的背景，实际参加战斗的只不过占总人数的 1/3 罢了。作为军事组织，其效率是非常低的。

战斗的死伤人数

148　　　在参战兵力中，不单单是战斗人员的比例低。时代越往前，战国大名的大小家臣就越接近于被组织起来的同盟者。他们靠自己的力量统治领地和民众，用第二章中的比喻来说，是"中小型的独立自营业者"。他们参战的动机也是在战场上立下战功、获得利益。所以，他们不会听从大名的强迫性、危险性命令，战况变得不利之时，他们会轻易地离开战场。对这些必须自己组织兵力的领主来说，像家子和下人一般世代跟随"家"的随从是宝贵的财产，不能让他们轻易送死。当随从们身心受到了一生难以治愈的伤害时，领主必须对他们剩下的人生负责，给他们一定的照顾。若不是这样，谁会听从主人的命令呢？

在这种背景下，造成大量死伤者的武力冲突只是偶尔发生的。永禄四年（1561）的川中岛合战是有名的激战，有的书记载 13000 人的上杉军有 3400 人死亡、6000 人负伤，20000 人的武田军有 4500 人死亡、13000 人负伤。这是绝对不可能的。本来上述参战兵力的数量就过于夸张，死伤者也应该只是这些数字的 1/10 以下。以日本陆军为例，军队在出现 30% 的伤亡时就会暂时失去战斗力，出现 50% 的伤亡时就是受到了毁灭性的打击。按照这个标准的话，上杉、武田两军早就崩溃了。

连被伴随着暴力、没有人性的军纪束缚的日本陆军，在出现大量死伤之后，士兵们都因恐惧和慌乱而无法作战。对那些没有强有力的统制力，以及让人们甘愿受死的"崇高的"战争目的的军队来说，是不可能出现这种离谱的伤亡率的。

149

4 实战的体验与和平年代的武士

加藤清正的初战体验

武和战斗事关性命。说实话，谁都珍惜自己的性命。武士出于自己的立场，很少留下亲口说战斗是可怕的证言。加藤清正给人的印象是秀吉一手培养的猛将。其实，在出兵朝鲜之前，能显示他在战场上大显身手的确凿事例只有贱岳合战。这是秀吉和柴田胜家为了争夺信长继承人地位的争斗，天正十一年（1583）发生在近江和越前国界附近。清正和福岛正则等人一起作为"七本枪"中的一员立下战功。他将这次经历讲述给了子孙。

"我跟随秀吉公，第一次担任头杆枪①便是贱岳合战。爬上山坡后，那边便是敌人。和他们相遇后，战斗就开始了。那时我想的是，敌人所在的方向如'黑夜一般'，什么都看不见。于是'让眼睛睡去'（闭上眼睛），口中念佛，飞身没入黑暗，刺出枪后感觉命中了，发现敌人已被刺死。之后才终于分得清敌我。"（『甲子夜話』卷一）与

① 合战中，首位与敌军对战的人。

其说清正当时害怕，还不如说他很投入。这是他的大实话。

饭田觉兵卫如是说

再说一个关于清正的逸话。2016 年 4 月 16 日的熊本地震中，熊本城石墙大规模倒塌，建筑物的地板露了出来，有处被一根细长的墙角石支撑起的饭田丸（眺望楼），就是以饭田觉兵卫（直景）这个人物命名的。他和清正是总角之交，与森本仪太夫、庄林隼人并称为加藤家三杰。他武勇过人，据说其枪术无人能及，是位高手。

这位觉兵卫说道："自己这一辈子都被主计头（清正）骗了。刚开始去打仗、建立功名的时候，很多同伴都被火绳枪打死了。太危险了。我觉得已经不能再做武士了，正想离开的时候，清正过来对我说，今天的表现太出色了，无与伦比。说着就递给我一把刀。就这样，每次离开战场时都会后悔，但主计头立刻给我阵羽织和感状（因战功得到主君封赏的文书），大家也都羡慕地夸赞我。我经不住诱惑，不得不指挥作战，成了侍大将。我被主计头欺骗得失去了本来的意志。"（『常山纪谈』卷十八）

他在清正死后侍奉其子忠广，在加藤家被改封之后侍奉黑田长政。虽不知道他上面的话是不是真的，但毫无疑

151

问，后世的人都认为确实如他所说。有种观点认为，秀吉期待清正发挥的，与其说是其战斗能力，不如说是其作为善于处理事务的官吏在财政和行政上的手腕。如此说来，也就不难理解清正巧妙对待觉兵卫的方式了。

文治主义及其结果

"元和偃武"指的是，元和元年（1615），丰臣家灭亡，漫长的战国动乱终于结束，日本国迎来了和平的状态。"偃武"的意思是藏起武器不再使用。从第四代将军家纲的时候起，幕藩政治从所谓的"武断政治"转向了"文治政治"。"文治政治"就是企图通过整备法令和制度、尊重礼仪、重视人民教化等方式来维持幕府的支配和身份制秩序的政治。

到了继承家纲的第五代将军纲吉的时代，幕藩体制的基础也巩固了。纲吉于天和三年（1683）发布了即位之初的《武家诸法度》，第一条是将之前的"文武弓马之道，专可相嗜事"改成"励文武忠孝，可正礼仪事"。纲吉要将战国时代以来意图通过战功晋升的武士的逻辑和价值观，从整个社会上抹去。于是他发布了不单是保护狗而是全盘禁止杀生的生灵怜悯令（1687 年到 1708 年期间反复发布），与其互为表里的是忌讳死亡和血污的服忌令（1684 年发布，之后还发布了好几次追加补充的条令）。

152

在以战场上取下的敌人六将的首级论功行赏的武家社会，服忌令本来是不存在的。

武的衰退

在和平年代和文治政治之下，重视武和战功的意识不可避免地逐渐淡薄。早在江户前期就流行"切筋骨"的不良做法，即将马的特定肌腱割断，这样马在前进时就会将脚抬高，外观好看。虽然马的奔跑能力下降，但不善于骑马的武士也能驾驭。之所以要用"切筋骨"的方式让马变得温顺，是因为如前所述，马并未被阉割，性情暴躁，难以驾驭。后来到了天和年间（1681~1684），幕府下令禁止了这种做法。

第八代将军吉宗在他当纪州藩主的时候就率先鼓励习武，当了将军之后便更加奖励了。享保四年（1719），吉宗看了书院番、小姓组警卫武士的马术，认为他们的骑法还不成熟、很危险，不像有经常和马打交道的经验。他认为之前发布的练习箭术、马术的命令没有被认真对待，便对两个番的番头下令，让他们手下的警卫武士今后练习马术。

享保十年和十一年的时候，在下总小金原（现千叶县松户市）举行了大规模的猎鹿活动。在两个番的基础上加上大番，吉宗让这三个番的武士负责势子（负责轰

153

出鸟兽的人夫）之役。当时，将军的近身侍者和警卫武士中很多人连草鞋的穿法都不知道，撩衣服下摆的做法也不熟练，在野地荒原跑起来的样子就跟妇女儿童一样，弱不禁风。据说在小金原的大围猎中，还有人害怕得跟妻子对酌告别。有见解认为，吉宗对五个番的旗本进行了奖励，这是朝着武断复古政治的逆行。但这种观点曲解了吉宗强化旗本的真意，文治的倾向反而在享保改革之后得到了进一步的推进。

虽然之后幕府不时奖励武艺高超者，但不会骑马的武士越来越多。在滑稽小说《古朽木》（1780 年刊行）中有以下故事：现在年轻强壮的侍认为没有什么能比马更危险的了，而且骑马的样子也难看，所以出门均乘坐权门驾笼。因此，所谓的马术高超，就是出去办事时不至于从马上跌落而已。权门驾笼指的是大名的家臣前往别人家为主人办事时向主人借用的轿子。作者的本名叫平泽常富，是秋田藩的江户宅邸的留守人、堂堂正正的上级武士。如果平泽没有夸张的话，武士的骑马特权在近世中期已经变得徒有其名了。

竹刀剑术是运动项目

当和平时代一直持续，进入文治政治后，武士社会的身份秩序就会固定下来，武不再是出人头地的手段了。江户前期兴盛的京都三十三间堂的通矢（从堂西侧的南端

射到北端的竞技），特别是比赛一昼夜射中靶心的箭数的 154
"大矢数"，18 世纪之后基本不再进行了。17 世纪后半
叶，武的技术分化成了剑术和枪术，一个流派一个藩，即
形成了只有那个藩才能看到的固有的剑术流派和枪术流
派。这些技术成为世袭家业的"武艺"，转为密传，也不
会和其他流派、其他藩进行实力对决，变成了封闭式的东
西。就这样，形成了弓、马、枪、剑"四艺"的框架。
传承四艺的是世袭的、有俸禄的"士"。足轻以下的人无
法学习"四艺"，只能掌握捆绑术等和治安相关的武术。

到了 18 世纪，幕府和藩出于改革需要，将政策从家
业世袭变为提倡能力第一、起用人才，重新审视武，剑术
比赛开始兴盛起来，在道场练习剑术变得流行起来。这和
之前作为武士"四艺"的剑术（重视形式上的练习和心
的修养）不一样，是由足轻和幕府下级官员推行、在村
落兴盛起来的武术，然后影响到了"四艺"的剑术，让
其变得活性化。

延续至今的竹刀竞技始于近世后期的 19 世纪（图
3 - 6）。用坚固的防卫道具遮盖脸、前臂、喉咙、躯干
等身体的要害部位，和现在一样使用"四割竹刀"的
"竹刀劈打比赛"开始出现，其比赛方法也有变化。人 155
们也开始发明出一些使用真剑无法实现的技术。这虽然
是采取武的形式，却是重视安全的竞技体育。比如，竹

刀的柄的标准长度是 3 尺 8 寸（115 厘米），如果是真剑的话就会很重，不可能自由地做出使用竹刀时的动作。江户时代规定，只能携带刀刃长 2 尺 3 寸（70 厘米）以下的真剑。

图 3 - 6　竹刀劈打比赛的场景
（出自『北斋漫画图録』）

之后，在江户、大坂、京都这三个都市，到处都建有一般民众也能进去练习剑术的町道场。町道场的兴盛是跨越了武士社会狭隘的身份界限的一种社会现象。其结果便是，主持道场的千叶周作、斋藤弥九郎等幕末的著名江户剑客中的很多人都出自农民或者足轻同心，属于位于武士和农民之间的身份。那位著名的近藤勇也是农民出身，他在加入新选组以前是剑术道场主的养子。他好像不太擅长竹刀的比试，但据说能一眼看穿对方的本领。这便说明了"竹刀劈打比赛"是一种体育运动，和用真剑进行砍杀是两回事。

156

浪 人

在古装剧中常见的浪人原本写作"牢人"。这是"牢笼人"的缩写,"牢笼"有穷困之意。江户幕府刚成立的时候,由于幕府对大名采取"击溃"政策①,浪人激增,数量达40万至50万。被断绝了出仕之路的浪人,生活困顿,酿成了充满危机的氛围。罢免大名是浪人产生的原因,庆安四年(1651),以由井正雪、丸桥忠弥等人企图"倒幕"的阴谋事件为契机,大名们不再那么容易遭到罢免了。17世纪后半叶之后,浪人的户籍由町人共同体的町掌控,由町奉行负责管理。从法律上说,这和对庶民的处理没什么两样,但从身份上说他们属于武士,可以拥有姓氏,也可以带刀。贫穷的浪人居住在町宅地的长排房屋里,从事糊伞等副业以谋生,也会开设町道场教授武艺,或者以学问、文艺等其他艺能来谋取生计。也有很多浪人在初等教育机构做教师,为庶民教育做贡献,成为近世知识分子的一个类型。浪人时代的山鹿素行、新井白石、荻生徂徕和近松门左卫门就是其中的代表。

樱田门外之变

戏剧和电影中的斩杀,即武打戏和演技中的格斗部

---

① 以谋反和过错为由,断绝大名或旗本的血脉,没收领地等。

分，是以歌舞伎和新型国剧中的混战场面为基础，进行了华丽加工的一种舞蹈。那么，真实的砍杀是什么样的呢？

安政七年（1860）三月三日，水户藩尊王攘夷派等18人在樱田门外袭击了正前往江户城的大老井伊直弼一行，取下了其首级。这就是著名的樱田门外之变。井伊一行人有随从的徒士①以上26人，包括足轻、提草鞋的人等一共60多人。这一天下起了春天少见的大雪，一行人全部穿着蓑衣。为防止刀被雪水渗透而生锈，他们用呢绒或桐油纸做的柄袋罩着刀，柄袋系在刀鞘上。

有一群人假装参观大名出行的队伍。其中一人手中拿着申诉状，装成要向大老驾笼诉②，靠近队伍的前头，用大刀劈向走近的徒士。正在队伍大乱，一大半守护在轿子周围的徒士都走到了前面时，响起了短枪枪声，剩余的同志们一起拔刀从道路两旁砍了过来。

直弼的随从们穿着蓑衣，刀还套着柄袋，就遭到从左右两边而来的攻击。终于脱掉这些东西开始战斗时，已经陆陆续续有死伤者出现了。有不少人目击了这场混战。有人从始至终从现场的松平大隅守宅邸的窗口观察了这场混乱的战斗。此人叫奥津，是杵筑藩的江户宅邸留守人，他

---

① 下级武士。没有资格直接参见幕府和诸藩，也不被允许骑马。
② 江户时代直接申诉的一种形式，申诉人等待幕府要职人员的轿子经过时直接申诉。

在谈话记录中写道："以前一直听说，真剑的较量是双方保持一定的距离并互相攻击，但并非如此。实战中人们用刀的中部以及刀柄护手处进行较量，胜负一分，转瞬间就有四五人被砍倒了。"参加这场战斗的人都忘记了以前学的剑术的姿势，而是用身体密切接触，用护手根去打斗。

158

袭击者也非常投入

我们从别的史料可以知道，袭击一方也是慌慌张张的。他们忘了信号口令，甚至还发生了相互残杀的情况。袭击一方的很多人回忆道，"拔刀之后，也不知道间隔，不管三七二十一地打了起来。眼前发黑，人很投入。这和竞技练习完全是两回事"，"眼前一片黑暗，仿佛黎明时分一样"，"心情急躁（中略），乱打一通，跟练习时完全不一样"。"眼前发黑"和加藤清正的初战体验是一致的。

就算事先确认过袭击时的步骤，自己不断地做思想准备，整装待发，但实际拼上性命的初次体验就是这样的。足轻以下的人随着事件发生都乱纷纷地逃跑了，彦根藩士中也有人从砍杀现场逃离，逃到松平大隅守的便门处，瑟瑟发抖。

彦根藩中堂堂正正的剑客、担任供目付的河西忠左卫门还是沉着应战的。他发现是暴徒袭击之后，姑且退了下去，脱去柄袋和蓑衣，整理好装备，在轿子旁边挥着左右两把刀，拼死进行防卫。他砍死了一人，但被人从前后左

159　右围攻，最终当场丧命。

　　再回到奥津的谈话上来。轿子周围的人变少之后，"一名大个子和两名一般身高的男子瞄准轿子，立刻将穿着全身礼服的直弼揪了出来。一人朝着其背后砍了三刀，发出三次蹴鞠那样的声音，大个子男人朝着直弼的颈部砍去，发出刀贯穿时的巨大声响。事情的前后经过没听清楚，只听到遭遇袭击的是井伊扫部"。直弼被短枪子弹打中，负伤不能动弹。这个过程看起来时间很长，但据说只是抽了三根烟的工夫便结束了。

　　结果，4 名彦根藩士当场死亡，事后又有 4 名伤者不治而亡。袭击一方也有 1 人被砍死，3 人负伤后自尽，2 人受重伤后身亡。事件发生后，现场的雪地上散落了很多被砍断的手指和耳、鼻的一部分。当时他们用护手根迎接攻来的刀，在这种状态下相互推挤，所以握着刀柄的手指就被砍落，耳、鼻也被削掉了。

彦根藩士的刀

　　据说在事发现场残留着变得弯曲、像锯子一样锉刃的刀。笔者得知当时死去藩士的刀被收藏在彦根市的彦根城博物馆，在获得特别许可后好好地观察了一番。一共有三把，分别是河西忠左卫门（刃长 89 厘米）、永田太郎兵卫（刃长 69 厘米）、越石源次郎（刃长 61 厘米）使用

的。越石的刀被称作长肋差。刀刃最长的是河西所使用的 160
刀，其刀茎上有两个孔钎，还有两处用金属封住原来的孔
的痕迹，可见原来是把更长更大的刚强之刀。他们三人都紧
贴直弼的轿子，守卫在后面。河西与永田在战斗中丧命，越
石的头顶到额头部位被砍裂，归宅后当天就毙命了。

　　河西和越石的刀刃有很明显的翻卷，特别是越石的
刀，刀尖和刀刃腰部有两处很深很大的缺口（图3-7）。

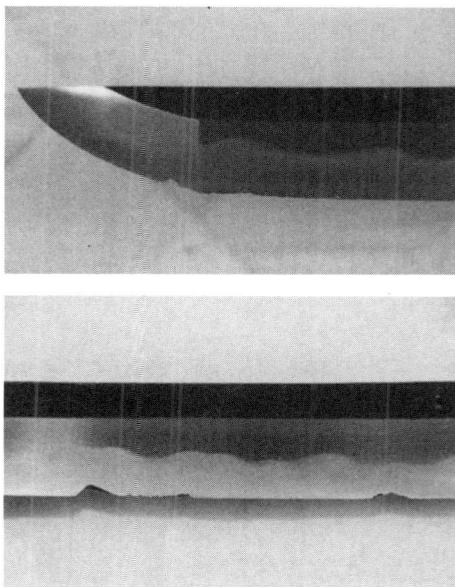

图3-7　越石源次郎所用的刀
长肋差的刀尖和刀刃腰部有损伤
（笔者拍摄，彦根城博物馆收藏）

这两把刀都被重新研磨过，刀刃上小小的翻卷就不那么明显了，但如此大的缺口是无法抹去的。可以想象事件发生之后，这把刀一定是更加惨不忍睹的状态。这是诉说着当时砍杀之激烈的物证，笔者在观察时就起了鸡皮疙瘩。

第四章 关于 "武士道"
——武士的精神史

1 古代、中世武士的真实面貌

谚语里的武士形象

很多日本人都认为，武士即战士，又代表着某种伦理和道德。有一本稍旧但收集了各种俚谚，即民间流传下来的谚语的书叫《俚谚大辞典》（『俚諺大辞典』中野吉平著，東方書院，1933 年）。我们可以从中找出各种关于武士的俚谚，比如："武士无二言"（武士重信义，所以一言既出，驷马难追）；"武士之命比义轻"（武士为了义可以舍弃生命）；"武士三忘"（武士奔赴战场时必须忘记家庭、妻儿和自身性命，义无反顾）；"武士金口玉言"（对于武士来说，一旦答应下来的事情，必定遵守约定将其完成）；"武士惺惺相惜"（武士都是立场相同的，因此必须为对方着想，相互帮助）；"武士知情"（武士重人情）；162 "武士知物哀"（武士知晓沁人心脾的韵味）；"武士难事二君"（忠臣不能服侍两位君主）；"武士即使食不果腹也要用牙签剔牙"（武士就算清贫也不行不义，或指武士矜持）；"武士是流动的"（武士可以选择为不同的主人效力）。

俚谚的表里

前面所列举的俚谚都附有出处，基本上都出自歌舞伎、净琉璃和文乐①作品，所以这些可以说是江户时代以来在庶民社会中形成的武士形象。同时，这种现象包含了对武士的期待，认为武士应该是有姿态的，应该符合上述形象。这和武士的实际形象有很大差距。因为俚谚会含有反话和讽刺，我们有时候必须考虑正反相对的两种意思。当这两种意思难以调和的时候，就会出现像"武士是流动的"与"武士难事二君"这种意思完全相反的俚语并存的情况。前者的出处是《阴德太平记》。这是出版于正

① 人形净琉璃的别称，指江户时代诞生于大阪的传统艺术形式。

德二年（1712）的军记物语，以战国时代的中国地区①为
舞台，记录了毛利氏的称霸过程。后者虽是自古就有的说
法，但特别在江户时代，变成了理所当然的道德规范。可
以说，这两句俚谚反映了战国时代以前和江户时代的武士
精神的变化与时代差异。

不管怎样，抛开熟悉历史的人不说，大多数读者应该
不会觉得俚谚中的武士形象有什么奇怪的。在那些老生常
谈的历史小说中，正义的主人公和反面人物的重臣、代官
分别代表了上述谚语中的正反两面，最后都是正义的一方
获胜，结局是大团圆的。于是，整体来说，武士一直得以
保持正面的形象。

兵之道

前面说到在武士的精神史上江户时代与战国时代以前
是不一样的，接下来详述这一点。武士诞生于 9 世纪的贵
族社会的一隅，后来有了对自己独特的生存方式的自觉，
于是就有了"兵之道""持弓箭之身的习俗（常理、规
则）"等说法。前者是指作为职业身份的武士应有的能
力，即掌握、实践作为艺能的"武"的过程，或者说所
习得的方法和技术（力量）。与中世其他的"道"一样，

① 本州岛西部地区 相当于现冈山、广岛、山口、鸟取和岛根五县。

"兵之道"不包含精神和伦理层面的含义，其重点在于保持"胆大机敏，本领高超，判断力出色"的战斗能力（『今昔物语集』卷二五第七）。只有这样才真正算是最初的中世的"道"。

当然，武士既然身为战士，在战场上必然与死亡相伴。既要去杀人，也不可避免自己被杀。所以，对死亡的觉悟是武士的自我历练中很重要的一部分。于是，"持弓箭之身的习俗"的终极理想在于，在大将军面前义无反顾地战斗，就算父母战死、孩子被杀，也要继续战斗。但是问题在于，为何而战，为谁而战。

为主人报仇的首例

164 　　奥州藤原氏灭亡后的第二年，即文治六年（1190），已故的藤原泰衡的一部分随从反抗镰仓幕府，在出羽起兵。主谋者叫大河兼任，关于这次起兵的目的他是这样说的："从古至今的惯例都是向近亲或配偶的仇敌复仇，未曾有人斩杀主人的仇敌。而我兼任将开启首例，前往镰仓杀敌。"（『吾妻镜』同年正月六日条）

大家或许会有疑问：兼任真的说过这样的话吗，起兵的动机真的是为主人报仇吗，在兼任以前没有过为主人复仇的先例吗？眼下这些问题都无关紧要。重要的是，《吾妻镜》专门记录了兼任这段话。这表示《吾妻镜》的作

者认为，为血亲或配偶报仇是理所应当的，但为了主人而
赌上身家性命是非常少见的，值得记录下来。这对我们来
说是很好的材料，可以推测在《吾妻镜》编纂的镰仓后
期，武士的主从制实际上是什么样的。

主从制的两种类型

从前的主流理解认为，日本中世特别是前期的主从关
系不同于西欧封建制的主从关系，特征为主从之间的契约
观念淡薄，侍从对主人是单方面的、献身的侍奉。这主要
是战前的比较制度史、比较法制史的研究者极力主张的说
法。但是这种观点并没有正确地把握中世主从制的实际形
态。其问题不单在于不准确，而且在于无意识却很强烈地
反映了在战前被强调的作为大日本帝国臣民的道德观：克
服利己主义和欲望，无私的献身精神，对国家（天皇）
的绝对顺从，等等。

而现在的主流研究一般认为，中世的武士分为 "家
人"（kenin）与 "家礼"（kerai）两种类型，战前所强调
的类型只能归类为 "家人" 型，他们被人身支配关系、
隶属关系所束缚；"家礼" 是在一定期限内，只进行一定
程度的侍奉，并拥有去留权利的随从。按照这种区分来
说，一直追随主人直到生命最后一刻的随从是 "家人"
型，《吾妻镜》所描述的那种罕见的为主人复仇的武士则

165

是"家礼"型。有实力的武士大多数属于后者,他们的特殊气质在于保持着很强的独立意识。

谋反是武士的荣誉

文治三年（1187），畠山重忠（参照图 4 - 1）涉嫌谋反,被要求提交起请文（一种文书,写明自己违背誓约时将受到神佛的惩罚）,以示清白。这时重忠说, "像我这样的勇士,若是被人说浪得虚名,借着武威抢取别人钱财以此谋生,则是奇耻大辱。要是传言我意图谋反,对我来说反而是种荣誉。只是,我已奉源家的当家（赖朝）为武将之主,绝无二心。赖朝一直都知道重忠并无谎言", 拒绝提交起请文（『吾妻镜』同年十一月二一日条目）。"谋反的传言是武士的荣誉"这种说法,最鲜明地表现了武士的独立意识。这不仅体现了重忠的思想,而且反映出武士们其实自尊心很强,很难被驾驭。

因此,作为武家首长的一个重要资质是,抓住一切机会用心关怀武士,并且需要深思熟虑,不损害他们的自尊与名誉,恩赏公正。

与此相对的是,近世幕藩体制下的主从关系,抛开实际情况不说,表面上是主君至上。正如第二章所述,从整体上讲充满个性、大放异彩的中世武士接受近世的主从原理的过程十分漫长,特别是经历了太阁检地和兵农分离之后，原本拥有自己独立收入来源的武士，变得需要依靠将军和大名给予的土地和俸禄来生存。

图 4-1 日本国宝"赤丝威铠"，
据传为畠山重忠所用，藏于武藏御岳神社
（本图中的为其复制品，藏于青梅市乡土博物馆）

如何处理投降者？

在上述中世的主从关系之下，武士们在战斗不利的情况下选择投降，就没有什么可以被诟病的了，而接受投降一方的人从宽处理也很正常，因为投降和背叛也是去留自由的一部分。

后三年合战的最后一战是金泽之战。在此战中，源义家要将捕获的清原武衡（家衡的叔父）斩首。武衡就向义家的弟弟义光请求饶命。于是义光问义家："自古以来的兵之道都宽大处理投降者。将武衡斩首一事，出于何意？"义家回答说："所谓投降者，是指从战场逃走而不落到敌人手中，事后主动反省自己的罪过（并将自己性命交给对方处置的人）。（中略）武衡是在战场上被活捉的，才过一阵子就想着保命，真难堪。这也叫投降者？一点都不知晓礼节，实在太幼稚。"最后还是把武衡斩首了（『奥州後三年記』）。

从这里我们可以看出对俘虏的广义上和狭义上的两种理解。义光认为，对奋战之后被活捉的俘虏应该宽大处理。而义家认为，主动投降的才算俘虏，战败被生擒的不算数，请求饶命的行为实在难看。之所以会产生这种认知上的差异，也是因为义家单方面地将武衡定性为叛变国家的人，而且义家生性残忍。若非如此，一般都会对投降者宽大处理的。

在石桥山合战时，大破赖朝一方的平家大将大庭景亲后来投降了。他被暂时交给上总介广常看管，后来被斩杀。但和景亲一起行动且后来投降的人中"只有十分之一"的人被处刑（『吾妻镜』治承四年十月二十三日条）。可见，镰仓幕府对投降者不会马上处刑，大多数情况下将他们交给幕府相关人员看管，等审判结果出来之后再决定是释放还是流放。

勇士不以被俘为耻

说起来，中世武士都认为"骑马射箭之人被敌人俘虏，并不一定是耻辱"（『吾妻镜』寿永三年三月二十八日条），"运气用尽成为阶下囚，乃勇者常有之事"（同文治五年九月七日条），他们并不觉得竭尽全力战斗之后被俘是一种耻辱。也正因为如此，《平家物语》里面才会有以下片段。在一之谷合战中，平家大将平盛俊将源氏一方的猪俣则纲按在身下，却被猪俣的一番假装求饶的话语迷惑了："真丢人，哪有人取下投降者首级的。"盛俊放过了猪俣，却被猪俣伺机砍下了脑袋。

"半分投降法"是南北朝内乱时期常见的做法。曾经的敌人只要投降也能成为我方的战斗力，所以，就算说好将敌人的领地分配给某人，若是该领地的"当知行"（正实质性地支配该领地）之人投降的话，就不能轻易没收该地，因而约定的内容很多都会落空。这是因为，在中世，长年的"当知行"被作为当事人强有力的权利而得到尊重。于是就产生了"半分投降法"这种解决方案，即将一半（或者三分之二）的领地给予"当知行"的人，另外一半（或者三分之一）分配给新的人。

169

需多易主

俚谚"武士是流动的"所代表的观念早在镰仓时代就有了。在《承久记》上卷中有这样的比喻："侍是流动的，如随风而倒的草一般，跟随对自己有利的强者。"到了战国时代，这种行动准则就变得理所当然了。就连到了近世前期，我们也能听到仅为杂兵的人发出这样的声音："我跟过四五十位主子。侍奉的人不一样，我的想法也会变。"（『雑兵物語』上）作为这种观念的典型例子，下面来介绍一下渡边勘兵卫的事例。

他16岁开始上战场，后来被羽柴秀吉收入麾下，跟随秀吉的养子秀胜以及中村一氏，参与过贱岳之战和小田原之战等战斗。在小田原之战中，负责攻取战略要地伊豆山中城（现静冈县三岛市）的是丰臣秀次（秀吉的养子），先锋是中村的兵队，冲锋打头阵的就是渡边勘兵卫。在关原之战中，渡边跟随"丰臣五奉行"之一的增田长盛。在长盛作为西军出征时，渡边守卫他的居城大和郡山城。战斗结束后，藤堂高虎等人前去接收城池，看到勘兵卫对坚守城池的人进行了出色的指挥，非常佩服。于是高虎把勘兵卫收入麾下，给了他高达20000石的俸禄。在大坂之阵中，他担任藤堂军队的先锋。大坂夏之阵的时候，在八尾（现大阪府八尾市）之战中，勘兵卫与长宗

（曾）我部盛亲的部队交锋。在形势不利的情况下，勘兵卫无视撤退命令而追击敌人，虽然后来获胜，但也给军队造成很大损失。为此，他与高虎和其他重臣的关系恶化，便出走逃亡，虽然后来也寻求出仕的门路，但是没能成功。他写了一部回忆战记叫《渡边勘兵卫武功觉书》。这书虽然夸大了他的战功，但很真实地展示了他作为一名武将的形象：仅凭借自己的能力侍奉各位大名。

另外，就连他的主人藤堂高虎也是"流动奉公人"的代表，一生七次易主。高虎最后侍奉的是家康与秀忠，虽身为外样大名却得到了家康亲信的地位，实力过人，足以匹敌幕阁。像勘兵卫和高虎这种寻求能充分利用自己能力的主人的人物，在当时是很常见的。但是在近世的秩序形成之后，他们失去了自己的独立收入，变得必须依赖主人给予的知行地与俸禄来生存，失去了选择主人的自由。所以武士不能侍奉二主这种说法也就变得理所当然了。

171

为名利而生

之所以存在"流动"这种生存方式，是因为很少有武士对名利不感兴趣。对大多数武士来说，驱使他们奔赴战场的巨大动机就是对名利的渴望。在战场上立下赫赫功勋，从主君那得到与此相符的封地和赏赐，这根本不是什么令人羞耻的事情。倒不如说，这是把自己的价值用看得见的形式表现出来的利，与名是一体的。对自己的功劳不给予相应回报的主人，称不上主人。若是这样，倒不如自己先作罢。

但是，要平衡名与利是很困难的。若是过于倾向利，就会变成贪欲，不惜背信弃义。战国大名朝仓氏的一名老将曾说过，"武者，被称作狗也好畜生也罢，取胜才是根本"，认为为了取胜可以不择手段（『朝倉宗滴話記』）。据说明智光秀也曾公开声称："佛之谎言称作方便，武士之谎言称作武略。"（『老人雑話』）看到这里，肯定会有人马上正襟危坐，激烈地斥责这是不道德或者故作恶相的行为。后面会讲到，《叶隐》的口述者山本常朝的祖父曾说道："大声喊吧，撒谎吧，赌博吧！"常朝的父亲也常教训其说："走过一町的工夫撒七次谎，这才是男人。"

兵者诡道

著名的儒学者贝原益轩在《文武训》（1717 年刊）中介绍了当时兵法家的言论。他主张道："日本的武道绝不能像儒者那样讲一些仁义忠信的漂亮话。在战场上，不伪装、不欺骗对手的话是不可能获胜的。兵者诡道（骗人的手段），有时即便骗取自己人夺取功劳，或者搅乱敌国内部夺取政权，也是无所谓的。这就是日本的武道。日本是武国，所以不可能像中国那样用正直温和的手段去建功立业，这本身也不符合日本的风俗。"他还提倡道："费尽心机、毫不犹豫地将别人取下的首级抢过来当作自己的功劳，这种做法就是日本的武道。"兵法家所说的"武道"指的是和武有关的行为、举动、技能，再加上"道"这个字，从而也包含了武士的心态。所以，当时武士的武道，与兵之道相比，更加与伦理礼节无缘。

说起来，从常朝的祖父和父亲随口说出的话可以联想到"杀人抢劫对武士来说并不稀奇"这个谚语。这个谚语的直接出处应该是《假名手本忠臣藏》（1748年首演）中的"必要的时候，抢劫也是武士的习惯"（第六），而且后来的浮世草子《世间御旗本形气》（1754年序）中的"自古以来，武士落魄的时候就会杀人抢劫以谋生，这十分常见，并不羞耻"（卷二）也和这个有关。这些说法似乎源自习惯了近世和平生活的武士的生活状态。对于这些武士来说，他们到底在多大程度上对死亡抱有伦理上的自觉？

武士与咒术

战国武士这种现实的、贪婪的生存方式的背后，是对咒术的依赖。在人类的行为中，武力和战斗是攸关性命的危险行为。既然如此，就算是勇猛又坦然的武士，也是需要咒术的。众所周知，就算不是直接面对死亡的战士，像职业体育选手这样的人也会拘泥于各种吉利征兆，凡事求个好兆头。

在近代以前的社会，一般来说技术和咒术是分不开的。时代越往前，两者就越难分离。武艺是技术的一种，所以自然也与咒术的观念、作用合为一体。咒术不单纯是无知人们的迷信。有时候，咒术能够消除人们的不安与恐惧的心理。另外，有的时候，因为咒术让成员陷入不安，而这些不安与恐惧的心理在成员之间被共享，成员之间的连带感就加强了。对于相信的人来说，占卜就是人生的导航，是活力的源泉，能给精神带来安定，也能带来不安。这就是当时的现实。

何为军学？

军学也叫兵学、兵法。在门外汉看来，军学主要包括军法（队列的组合方式、兵器的配备、军役的数量等）和军略（战略与计谋）。但除此之外，军学还包含军礼（关于出阵与凯旋等的仪式礼法）、军器（制造军用器具），以及"军配术"（占卜天文、气象、时日、方位的凶吉），其中最重要的是"军配"。有一本书叫《庆元记》，编者是北条氏长，他继承了甲州流军学并建立了北条流军学。在此书口，他对军配进行了批判性总结："军配就是预知战斗胜败的手段，其方法全部基于阴阳数理。"这就将军学从中世的、咒术性的战争技术学中解放了出来。氏长是在战国时代奠定了后北条氏全盛期的北条氏康的曾孙，而且是江户初期的幕府旗本，后来成了大目付。

从古代开始，在中国军学的强烈影响下，日本的军学融合了密教、道教、阴阳道、宿曜道、修验道等形形色色的要素并逐渐成形。其中，以机密兵学的军配为口心的《兵法秘术一卷书》和《训阅集》等书籍特别受到重视，流传下来了很多抄本和异本。到了战国时代，军配术越来越兴盛，甚至出现了在团扇上描绘军配日取图（图4-2）的现象，这就是军配刃扇。所谓日取图，是指在圆形扇面上画梵字（用来记录梵语的文字），标示金刚界大日如来，然后将其分为十二等份，记下十二个月与十二干支，再在圆形外侧用二十八个红白两色的圆点象征二十八星宿。人们根据这些星宿来判断行事的日期、时刻和方位的吉凶。

175

大将把这种军配团扇带到战场，亲自判断战机的吉凶，但有时候也让有特殊技能的人在大本营做出判断。作家井上靖的作品《风林火山》的主人公山本勘助，一直

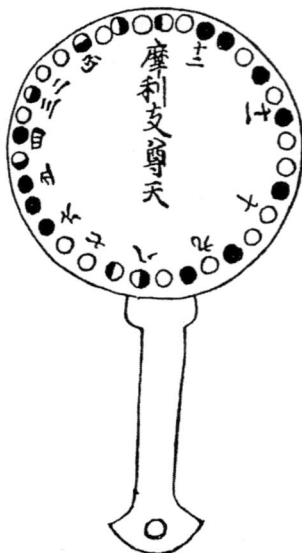

**图 4 - 2　周文王的军配团扇日取图，传说由山本
勘助献给武田信玄
（出自『甲陽軍鑑』卷 19）**

是谜一般的存在，直到近年人们才开始相信他是确实存在
的历史人物。有人认为他其实是信玄身边的军配兵法家。
所谓军师，一定是这种接近阴阳师的人物。

　　总而言之，中世、战国时代的合战依旧带着浓厚的神
秘性、秘密性元素。很多人都自然觉得那时的武士只是使
用着带古风的武器、武具和兵衣，但本质上的战斗方法与
近代的野战和攻城战没什么两样。这种观点是必须纠
正的。

2 统治者的伦理学

战士与统治者

武家势力在六波罗幕府（平家政权）之后，经历过 176
几个阶段，代替文官贵族，占据了政治上的优势地位。于
是，武士就不仅仅是战士了，开始具有统治者的性质。不
管是想趁着下克上的风潮取代主君的人，还是克制自己坚
守地位的人，都想纠正奔放并充满私欲的风气，培养能拉
近人心的具有指导性的德行（道德心）。在战国乱世结束
后的近世社会，有两种传统并存：既重视作为战士的风
气，也重视作为统治者（指导者）的道德心。日本人之
所以会将武士看作伦理的、道德的象征，是因为作为统治
者的一面是当时武士的主要特性。但是，正如本书稍后会
提到的一样，这是 17 世纪后半叶之后的事情。我们却深
信武士本来就是伦理性、道德性的存在。

重视作为统治者的道德意识的传统，在近世和儒教结
合起来。推崇武士这种特性的理论一般被称为士道。士道
在近世的武士社会起到了主导作用。与此相对的是武士 177
道，重视的是武士作为战士的传统。士道和武士道都指武士
的思想准备及其对生存方式的自觉，都有作为武士思想的共

同之处，但在学术语境中，武士道一词大多只限定于后者。虽然现实中两者应该是混淆的，但儒家学者们片面地认定武士道是战国时代的残留思想，对其持否定态度。而主张武士道的人也对带有儒教特色的士道发起了猛烈反击。

素行的士道论

近世士道论的代表人物是江户前期的兵学者、儒家学者山鹿素行。《山鹿语类》（成书于 1663 年）是他的门人收录其讲义的书籍，其中的士道篇（卷二十一）就体系性地阐述了其士道论。它强调的是"了解自我的职分（作为职业存在的理由）"。农民耕地，工人制造物品，商人从事交易，这三者都挥汗劳动。和他们相比，武士"不耕不造不卖"，如果不付出任何努力就能解决温饱问题，那就是"游民"，是"天之贼民"。所以，武士应该自问，作为武士的"职分"到底是什么。不应该依赖别人或者书籍，应该切实地问自己，从心底对武士的"职分"有自觉。通过这种方式觉悟到的武士"职分"，就是让天下实现人伦（儒教伦理，指父子、君臣、夫妇、长幼、朋友间的道德秩序）之道。

三民的伦理指导者

178　　　　关于武士的"职"，素行的主张如下。从武士的立场出发，他认为武士应对主人尽奉公之忠诚，与同伴交往注重信义，谨言慎行而专注于大义。若是天下万民不存在了，那么人伦也不可能存在。农、工、商各自忙于自己的职业，故平日里专注于各自的事业，无法极尽上面所说的这种 "道"。于是，武士代替农、工、商来努力实现人伦之道，若是三民中有搅乱人伦者，须立马对其进行处罚，以正天道。因为武士立于三民之上，所以必须文武双全、有才有德。

这种观点是将武士与三民的关系置换成政治与经济的分工关系，以教化三民为职责，将既有的支配正当化和合理化。像这样，作为人伦的指导者的武士要对这种 "职分" 有自觉，就必须要求自己拥有符合道义（人所应行的正义、道德）的人格。最先应该要求自己有 "大丈夫的秉性"，接着就是内心对道义的自觉。所谓大丈夫的秉性，指的是不轻举妄动，不屈服于任何事物，拥有包容万物的宽广心胸。

大丈夫的秉性

要培养这种秉性，就要端正内心。要端正内心，从根本上说就是舍弃利，为义而生。也就是说，要毅然坚持道义，并且否定情欲。素行还接着举了清廉、正直、气节等为例进行论述。清廉指的是经济上的洁癖，正直指的是不

179

论亲疏贵贱都坚守道义不变，气节指的是其在道义上的强大之处。

如果用素行喜好的词来表达大丈夫的秉性，那就是"卓尔"（卓越出色）的秉性。他所描绘的符合道义的人格是指，对自己的情欲、对世俗、对世间万物都应以"卓尔"的态度去面对。素行还主张，形成大丈夫秉性的具体方法是，平日的一举手一投足都要有威仪。

威仪不仅包括视听、言语、饮食方面的谨慎，而且要体现在容貌、面部表情和走路方式上。威仪是礼的外在表现形式，素行认为，在端正威仪的时候，内心的道德也会逐渐养成。武士要对自己的"职分"和人伦之道有自觉，并努力将之实现，不论是在日常生活中多么细微的事情上，都不能松懈威仪之态。

武士重视"矜持"，也就是自负。这不仅仅是对农、工、商的态度，武士相互之间也一样，必须带着"矜持"的态度，不落后于别人。通过端正威仪而形成的人格是理想的、符合道义的。这是值得敬畏、值得作为榜样的人格。具备"卓尔"、令人敬畏的人格才是素行心目中理想的武士形象。

素行的出仕论

作为武士，若有志于在天下实现"道"，唯一的方法就是辅佐主君执政，因此武士应该作为臣子出仕，治理主君的国家，救民众于困苦之中。素行在《山鹿语类》的臣道篇一、二（卷十三、十四）中详细地阐述了关于出仕的见解。

关于武士的出仕，素行举了四个类型。第一种是"不行道"的出仕。这种出仕是为天下、国家、人民而效力，所以并不是武士自己主动去追求，而是等待主君献上敬意、极尽礼数之后才侍奉主君。第二种并不一定是为了实现"道"，而是被厚礼相待、难以辞退时的出仕。第三种是为了养活父母妻儿而不得不去出仕。第四种是出于继承先祖代代相传的奉公而出仕。

既然素行的出仕论如此，那么出仕后的进退也是与此相应的，特别是第一种为了实现"道"的出仕。在这种出仕中，若是主君无道、政治无法，就算得到的地位再高，俸禄再丰厚，武士也应多次谏言，尽全力修身，等待主君醒悟。但到了关键时刻，君子则不应该逗留于此。素行的士道论中理想的出仕和隐退之法就是这样的。

超越主从的情谊

从素行提倡的这种君臣关系的角度来看的话，《叶隐》式的武士道所重视的殉死（主君死时，臣下也追随其自杀）等理念是应当被批判和否定的。超越主从之间 181

的私人情谊（交游时的感情、亲密性、友情）式的结合，放眼宽广的世界，再实现道义，这才是作为大丈夫的武士的任务。

素行向林罗山学习儒学，向北条氏长学习军学。如前面所说，氏长不仅剔除了军学中的咒术要素，将其变得合理化，还主张"士之法""保全士之职分的法"，将军学发展成治国平天下的大道，这是以武士为本位且为武士设计的教学。据说，素行在将士道论体系化，构建武士的伦理学、政治学的过程中受到了氏长教诲的很大影响。

3 关于《叶隐》的武士道

何为《叶隐》?

士道是以武士对应守之道的自觉为根本的。与此相对，武士道是以死之高洁、对死的觉悟为根本的。武士道的代表著作是《叶隐》（全十一卷），其编者是佐贺锅岛藩的田代阵基（陈基），受到了该藩的山本常朝的思想影响。卷一、二记录了常朝对作为武士的精神准备的看法，据说完成于享保元年（1716）。《叶隐》的思想在近世阶段是非常孤立的主张，它甚至都没能被选为锅岛藩藩校的教材，最多在幕末时被藩内担任要职之人拿来进行会读

（两人以上聚集在一起读书）。实际上，直到明治三十九年（1906）以后，《叶隐》才被佐贺县外的人所知晓。从在近世的影响力这个角度来说，《叶隐》基本可以被忽略，但其在近代的影响力非常大。另外，《叶隐》中还常讲到生活在早已远去的战国时代的武士们所面对的进退维谷的境遇。因此，下面将详述该书情况。

贯彻死的觉悟

我们来比较一下二道和武士道是怎样看待死亡的。素行认为应该时刻做好死亡的心理准备，而《叶隐》则提出"要认识到，所谓武士道即死亡"。这两者看起来表述了同样的观点。但素行认为，若是武士要去完成应做之事，那么也不应该逃避死亡，要从根本上遵从武士应当守护的道，为此，面对死亡也不应该退缩。也就是说，素行主张的前提是，即便要死也应遵循应有的做法，根据情况做出恰当的判断，否则就变成了"犬死"（白死）。

然而，《叶隐》却说：每个人都有无法避免的对生命的执着，心有余力之时必定会以"武士的应做之事"这种借口来伪装自己，将自己的行为正当化，在不得不死的时候也会选择求生之路。如果是这样的话，就算只是一瞬间，人都不应该给自己堕落的余地，结果不是问题，马上冲向死亡，时刻与死亡为伴，贯彻"死身"（赴死的态

183

度）。贯彻"死狂"（带着死亡的觉悟去激战）之时，自己也能从羞耻中得到救赎，同时也能实现忠孝。士道历数理非正邪，但这只是为了掩饰自己的私心，只有在死亡中才能保持自我的纯粹。

在对主从关系的看法上，士道与武士道也很不一样。关于对主君的谏言，士道认为，如果主君不听谏言，无法实现"道"的话，武士应离开这样的主君。而武士道认为，在主君不听谏言之时，武士要越发站在主君一方，不让主君的恶被外部发现，把主君之恶的责任引到自己身上，继续进谏。这是一种可以称为虚无主义的立场。在武士道看来，和主君、主家的契约是充满情谊的，是绝对的。

近世社会禁止自力救济

在这里有必要解释一下和主家的契约的绝对性。在《叶隐》的时代，"喧哗"是唯一可以让我们感受到战乱时代遗风的东西。"喧哗"指的是，在武士社会发生的赌上各自名誉的武力冲突，为了解决纷争而发生的私战与私斗，也就是第一章所说的自力救济。"喧哗"的原因可以是发生在道路上的小冲突，或是源于政治意见对立的冲突，抑或和领地边界相关的冲突，只要是用武力去解决因为感到名誉受损而发生的各种冲突，都叫"喧哗"。

184

《叶隐》认为即使发生"喧哗",不,正因为发生了"喧哗",才更应该完全抱着"无论胜负""不管不顾一心去死"的心态。但是私战和奉公是相互矛盾的。私战会扰乱藩的秩序,在出战之前就失去本应为主君所用的性命。这是非常严重的对主君的不忠不义。

在近世,凭自己的判断用实力解决纷争,是一种无视主上(幕府、藩等执政机关)的轻率行为,特别是发生在集团之间的使用武器的"喧哗",在当时被认定是反叛行为。因此,幕府是禁止武士以外的群体日常携带和使用作为自力救济手段的武器的(默认拥有)。即使有些武士和战国时代以前一样,会自我武装,但随意的战斗行为是遭到禁止的。从江户初期到前期这段时间仍然适用"喧哗两成败"的方法(成形于15世纪后半叶,战国大名和统一政权使其法制化;到了和平的江户时代,这种法令虽然不再以法的形式出现,但其理念残存下来),即无论是非曲直,"喧哗"的双方都要受罚。没有幕府的命令,大名们不能向领地之外的地方派送军队。江户时代的太平是通过极力抑制自力救济而实现的。

作为例外的复仇

话说回来,只要存在作为战士的武士,单凭一条法令怎么可能消灭他们反团体、反规定的精神?正因为武士拥

185

有自力救济的能力，他们才被允许武装。在纷争中，武士就算违背"喧哗两成败"之法，也有义务去证明自己行使自力救济的能力。在武士社会，就算做好切腹的觉悟也要雪耻；若不然，就会被指责为怯懦。

正因为如此，私战中只有复仇是例外，江户幕府对其采取认可的立场。在《板仓政要》这部记录了江户初期京都所司代的施政以及诉讼裁判的要点的书中，有一条规定是"为父母报仇的案件，无论洛中洛外，只要符合情理，不进行审判。但应注意不在天皇、院的御所附近，以及神社寺院境内发生冲突"（卷三）。认可复仇是和严禁私战的政策相矛盾的，所以实际上是带条件的许可。

条件只限于向杀害了主人，或者父母、叔伯、兄姐等上级和长辈的敌人复仇。晚辈被杀害时，其亲族应当遵循正常的刑事裁判程序，申请审讯犯人。接下来，在复仇之前，武士得到主君的许可，获得"免状"。另外，复仇者前往别人的领地时，要通过主君向幕府的三奉行所（寺社、町、勘定）传达允许复仇一事，并被记录在町奉行所的复仇簿上，当事人从町奉行处领取记录的抄本并随身携带。发现仇人之时，就到当地的支配役所提交申请，获得许可。这只是表面话，实际上没有闲暇做完上述手续，所以是杀敌之后才报告。只要和町奉行所的记录没有出入，武士就不会被追究杀人的责任。

著名的复仇事件

关于江户时代的复仇事件，我们能知道的有 104 起以上。其中最有名的两件，就是江户净琉璃坂（现东京都新宿区市谷）的复仇和赤穗事件。这两件事都是因对藩与幕府的判决不服而发生的。

前者发生在宽文十二年（1672）。被没收了宇都宫藩领地的奥平源八杀害了其父亲的仇敌——宇都宫藩的前藩士奥平隼人。宽文八年，在该藩前藩主奥平忠昌的葬礼上，同为一族的奥平内藏介与奥平隼人发生口角。内藏介拔刀要砍杀隼人，却反被刺伤了。这一天夜里，内藏介切腹自杀了。幕府本来也让隼人切腹的，隼人坚持说内藏介精神错乱，不愿切腹。于是幕府决定没收隼人与内藏介的嫡子源八的领地。隼人被命离开江户，源八也因为替父亲报仇而失去立身之处，带着四名作为监护人的亲属，离开了奥平家。不断有人同情被流放的源八，认为这不属于"喧哗两成败"的规定范围，处置不公平。源八一党发誓要报复，等待了三年也没找到机会，终于在净琉璃坂袭击了隼人家的 70 多人，杀死了隼人。发动进攻的一方也达到了 60 人，算是小规模的战斗。幕府的老中们经过商议，以袭击时放火为由，决定流放源八等人，其中 9 人被发配到了伊豆大岛。

187

比这件事反响更大的是赤穗事件。[①] 无须多说，赤穗藩主君浅野长矩在江户城持刀伤人，被下令切腹，并被没收了领地。以大石良雄为中心的原赤穗藩士们觉得这处置不公平，便费尽心思，于元禄十五年（1702）十二月袭击了吉良的宅邸，为主君复仇。对于他们的行为，幕府中有两种意见。有一方认为藩士们违背幕府的决定，属于违法行为；另一方则认为他们的行为是符合大义的。双方进行了各种讨论。最终，幕府认为藩士们结党、持有远程武器（弓箭）、杀害上野介这一系列行为，"从不惧公仪（幕府）这点来看，是有重大过错的"。于是，46 名藩士被下令切腹。关于切腹的历史意义将在后面叙述。

战士与奉公人之间的矛盾

我们回到《叶隐》。山本常朝列举了锅岛藩的武士应当记住的四条誓愿。第一条是"在武道上切不可输给别人"，第二条是"主君嘱咐的事情要做好"。最鲜明地表现出这两者间矛盾的就是"喧哗"。《叶隐》中有很多看

---

① 赤穗事件以"忠臣藏"为人们熟知。"忠臣藏"的称呼源自人形净琉璃和歌舞伎的著名作品《假名手本忠臣藏》，后来发展成基于赤穗事件的各种各样作品群的通称。赤穗事件对当时社会的影响很大，一方面，与"忠臣藏"相关的文艺作品和演剧塑造了虚构与史实混杂的赤穗义士形象，他们被写入教科书，也被介绍到海外；另一方面，也有不少史学家批判义士形象与史实不符。

起来相互矛盾的主张，而在上述两条发生冲突的情况下，作为战士的伦理应当被优先遵从的还是第一条。

作为奉公人（侍奉主君的侍者，家臣）的武士与作为战士的武士，他们在生存方式时常是矛盾的。而对疯狂地执着于死亡、有着舍身精神的常朝来说，这两者是统一的。奉公也好，"喧哗"也好，都是对死亡的疯狂执着。当我们从奉公人武士的角度来看这种一味追求死亡的行为时，它表现为为主君合命的"奉公"，还表现为彻底否定私心的无私无偿的献身（可以被比喻为焦虑的、不为人知的单恋）。当我们从作为战士的武士的角度来看时，它是克服对生命的执着的果断态度。所以终极就是无私，纯真无杂（不掺杂别的东西，一心一意，没有虚假）。"要认识到，所谓武士道即死亡"，这可以说是对无私舍身、纯真无杂的追求。

淡泊名利者不起作用

武士道和士道都重视作为武士应有的威严。每个战国武将都足以成为一域之主，这种架势已然是武士基本具备的。武士在和朋友、同辈相处时，在精神上也会如站在自己的城池上一样面对他们。武士道之所以重视矜持，也是因为武士的这种姿态。武士之矜持的根本在于，相互不让一步。充满矜持与自傲的武士意图追求的是名利。如果武

189　士到了超越名利的境界，那他们就不再是武士了。

山本常朝是否定私欲、渴望无私的。但就连他也说："淡泊名利的人基本上都是在装圣贤，只知道高高在上地批判别人，自己却没什么用。"小池喜明对《叶隐》有如下见解："在和平年代，有必要舍命'奉公'，以达到专注于作为生计之根本的'家职'（没有过多错误地履行家职）。高洁的死亡却又意外地伴随着世俗性，以及对世间和时代的顺应性。"正因为如此，我们才会在《叶隐》中随处看到"要想看清人心，就病一场吧""水至清则无鱼"等处世之道。

时刻准备一决胜负的武士，要想胜过他人，不一定需要靠武力压制别人。武士重视的是精神上的优越性，并且认为，克己之人才能胜过他人。士道认为，始终坚持对人伦之道的自觉，自然就能产生压倒别人的强大力量；而武士道则认为这种力量是在贯彻对死的觉悟时产生的。在武士道中，这种强大力量也自然地表现在容貌、语言、起居坐卧各方面上。遵守礼节也是武士的优点之一。武士社会中的尊重礼仪，并不只意味着老老实实遵守封建社会的阶级秩序。

大道寺友山的武士道

190　　　提到武士道的还有一本书叫《武道初心集》〔成书于

享保年间（1716～1736）]，是北条氏长和山鹿素行的弟子、兵学者大道寺友山的晚年作品。这本书以带有儒教色彩的士道为立足点，但其论述又吸收了战国武士的风气，比《叶隐》的影响力要大得多。此书开篇提到，作为武士，从元旦的清晨到除夕之夜，日日夜夜都要做好赴死的心理准备，死亡是武士的最大凤愿。作者在总论中又说，世人在评价武士道时最重视的是忠（对主君尽忠尽力）、义（志操坚定）和勇（刚勇的个性）这三者的极致，兼备这三种品德的才是最高层次的武士。此书还主张要绝对尊重主君，对主君稍有反驳的态度也是不可原谅的大罪，但是，若遇到与武士道之根本相关的事情，就必须通过妥当的步骤，郑重地向主君进言。这点和《叶隐》的主张是一样的。

4　从东亚世界看武士的思想与切腹

东亚的视角

前面总结了士道论和武士道论的代表性内容。接下来我们要思考的是，当从东亚世界的角度去看这些武士思想时，会得到一种怎样的历史理解。

从结论来说，对中国和韩国的思想史专家来说，武士

191

道的奇异之处自不必说，连以儒教为基础的士道这种武士伦理思想也是非常不可思议的，日本的读者恐怕很难理解吧。这是为何？儒教不提倡通过法律和武力进行强制性支配，其理想是通过礼乐（广义上的文）和诗（狭义上的文）提高人们的道德，实现社会的有序与和谐。这种思想的根本是对力量的彻底回避。武和武人是被看不起的。这是因为作为力量的化身，武是与德相反的，并且武人"不知义理（道义与节操）"，粗野没教养。中国有古谚说"好铁不打钉，好男不当兵"，人们认为兵源于非汉民族或流浪的没落农民，抑或人类的渣滓以及犯罪者。另外，在中国的传统思想中，战争是不道德的。社会公认诗歌和诗人的应有作用在于，用诗歌去抑制统治者发动无用的战争。中唐诗人白居易作《新丰折臂翁》，称赞了玄宗皇帝治世前期的名相宋璟，宋璟不奖赏在边境立下战功的人，而是极力避免无谓战争；白居易批判了和宋璟完全相反的、玄宗朝后期的宰相杨国忠（杨贵妃一族）。

但是，现实中的政治面对的是奔波逐利、无暇顾及教养，因此体会不到德行的庶民和夷狄，那么无为、无政府状态就不是儒家应走的路。天子之下，在中央与地方组织起井然有序的政府，使百官有司（有司就是差役）完备，这符合圣人所定之典章。代表力量的刑与兵也是不可欠缺的。以君子之德治国平天下的要点在于，设立刑与兵，但

192

是不用。

从古代的汉朝起,中国就已有非常系统的官僚制。处于支配意识形态核心的是儒教,其方针是让学习作为正统学问的儒教的有教养的人成为高官,指导政治。于是,文官优先的原则成为中国官僚制的长期特征,并且逐渐制度化。科举制度源于6世纪末的隋朝,在选拔辅佐皇帝执政的官僚的考试中,考生被考验的是其儒教方面的教养。科举是对所有人开放的选拔系统,不问出身,而是根据后天学习所得的能力来选拔。汉代和唐代的官吏选拔基本还是根据家族门第,高级官僚都由豪族和贵族占据。但是,在唐末到五代的动荡时期,大量的贵族阶层没落,因此到了宋代(相当于日本的平安时代),科举才终于成形。高丽和朝鲜的国家、社会制度都极大地受到中国的影响,因而也是以文人支配为基本方针的。

在日本,武是负面的么?

日本曾位于东亚世界的边缘,实际上自古以来,从中国和朝鲜半岛学习了很多东西,从律令制这种国家制度到高度发达的思想、文化、宗教、科学技术,等等。然而,日本一直没有采用科举制度,对儒教的理解及其普及也并不充分。在古代,氏族制一直存在,进而是贵族制,长期保持着生命力。

193

日本古代的官僚制中，根据父祖的地位，贵族的子孙自然获得一定的位阶，这种特权叫"荫位"。唐和高丽也有同样的制度，但在日本，其适用范围只限于亲族，范围狭窄，所以被授予的位阶非常高。就连在平安时代的统治阶层文官贵族中，依靠儒家精神获得了高官之位的人也屈指可数。在日本的古代、中世社会，儒教就是儒学，主要以"博士家"这种文士之"家"的形式存在，没能成为约束个人与社会的强有力规范。

所以，在日本这种文（儒）未确立的社会里，人们不会对武士与武做出负面的价值判断，也很难尝试将其灵活地纳入体制内。当然，在平安时代，日本也效仿中国，算是文官优先的社会。日本特有的"秽"的观念产生了对杀生的忌讳，所以武力也并不是大放异彩的。但是，当时存在身非武士却习武的文官贵族。就连倡导"戒杀生"的佛教和寺院社会，都从思想上将行使暴力的行为正当化，主动拥有武力，在行使武力时也不会犹豫。这就是现实。

近世武士与其说是战士，不如说是统治者

不避讳武和武士的日本社会迎来了近世社会，武士名副其实地成为统治者。从 17 世纪后半叶起，日本社会转向了所谓的"文治政治"，实现了"德川的和平"（Pax

Tokugawa)，军事集团被冻结了武力。作为统治阶层实际执政的是文官中的行政实务官僚，称为"役方"，他们曾经被蔑称为"窝囊废"（『政談』）。近世的政权虽然是武士政权，但作为统治者的一面成了武士的主要特征。这就迫使本来是战士的武士深刻修正自己的性格。

于是，近世中叶以后，儒教在与各种学问、思想融合的前提下终于在社会上传播开来。没想到，原本是武的对立面的儒教，开始发挥促进武士意识到自己统治者身份的教养体系的功能。从这种意义上来说，利用儒教严格约束自己的这种武士形象，与其说是武士的真实面目，不如说是武士顺应时代要求而做出努力的方向。

士道是儒教学说么？

还有一点需要注意，不论是山鹿素行还是《武道初心集》都主张武士立当日日夜夜、时时刻刻做好赴死的心理准备。但是儒教认为，无论对主君和父亲的死亡有多么悲痛，都应该通过礼来抑制自己，通过"性"（理）来抑制倾向于人欲的"情"。中国战国时期的忠臣屈原，因为谗言而被逐出楚国，并且因担忧楚国的衰落命运而投身于汨罗江。人们常常为屈原的经历感到遗憾，就是因为上述儒教观点。儒教最重视的是思考，通过思考而保持中庸（虽然佛教也是这样）。急于赴死是最直言径行的行为，

195

只不过是野蛮人的美学罢了。"士为知己者死"只能在任侠的世界行得通（侠与儒是对立概念）。实际上，回顾历史，很难找到那些为国家殉死的臣子。

笔者认为，其实就连日本人的历史、思想史专家们都没太留意到上述这些儒教的基本特征。连素行这样一流的儒者所提倡的士道，都并不是儒教的学说。考虑到武士飞黄腾达、成为统治阶层这样的特殊性，武士作为执政者的心得以及举动，应当被理解成受过儒家洗练，以适应和平年代的。所以在充满对外危机的幕末，像高远藩的藩医兼藩儒中村中倧这样的儒者才会说"吾国乃武国，自然而然就有武士道。此道不借儒学之力，不用佛祖之心，是我国自然之道"（『尚武論』），强烈主张剥离武士的伦理道德中的儒教要素。

武士道欠缺广度

前面已经说明，《叶隐》的伦理思想并没有影响力。而且，武士道这个词是近世之后才出现的。古川哲史从学术角度探讨了作为伦理思想的武士道，他断言，"这个词在近世只有很少一部分人使用"。这个观点此前是学界的通说。

近年，武家社会史专家笠谷和比古意欲反思古川氏的学说，在众多近世著作中更广泛地寻找武士道一词的用法。即便如此，他的结论也是："该词出现频率最多的是

在 17～18 世纪。到了近世后期，武士道开始带有道德义
务的色彩，武士道论被士道论合并，因而逐渐衰落了。"

与此相对的是日本文学研究者佐伯真一，他花了大量
精力研究武士精神。他指出，正因为武士道一词是有一定
影响力的，所以大家才容易误解古川氏的观点，如果只从
该词作为伦理思想用语的角度来看的话，古川氏的观点是
妥当的。佐伯还认为，笠谷氏认为 19 世纪是武士道的衰
退期，但是这个时代出现了很多极力推崇武士道的思想。

不管怎样，到了近世中期，人们已无须面对现实生活
中战斗带来的死亡危险，"追腹"（殉死）也被禁止，武
士社会享受着安稳。所以，那些以身为武士而自傲，担忧
世间风气的人就会更加强调战乱时期的武士形象，坚信自
己就是那样的。《叶隐》中"全编死"和"狂"之类的
词语泛滥，时而狂热，时而用敏锐、细腻的语言主张无私
的舍身行为。这虽然让人觉得很异样，但正因为在和平年
代，人们才会用更激进的形式阐述死的清高，将其解释为
贯穿整个武士生活的核心，以及武士的生存方式。但是，
这种提出异议的做法，只是虚幻的抵抗，在武力被一直冻
结的社会上是不能持久的，衰退也是理所应当的。

切腹的历史

切腹被认为是表现武士精神的自杀或处刑方式，也被

称作"割腹""屠腹""腹切",hara-kiri① 这个词甚至流传到国外。

据说切腹肇始于第一章出场的藤原保昌的弟弟保辅。他被当作"强盗之主谋",于永延二年（988）死于狱中。传闻他在被逮捕的时候企图自杀，"将刀刺穿腹部，扯出肠子"（『続古事談』卷五）。

平安时代以后，切腹逐渐成了自杀的一种方式，而其真正流行开来是在镰仓末期至南北朝时代，契机大概是下面两件具有冲击性的事件：元弘三年（1333），六波罗探题的将士在近江番场（现滋贺县米原市）集体自杀；之后，以得宗高时②为首的大量武士在镰仓自杀。据《太平记》记载，前一事件中有 432 人、后一事件中有 873 人切腹（图 4-3），或者用刀互刺对方，或者自己割下自己的首级。

在此之前，武士大多是用别的方式自杀的，比如，将刀放入口中，俯身让其贯穿而亡。中世之后，切腹也并不是武士和男性专属的自杀方式。再往后，还出现了所谓正式的仪法：将短刀刺入左腹，然后划到腹部右侧再抽出来，再像画十字一样从胸部下面切下去，最后戳穿喉咙

---

① "腹切"的日文读音。
② 即北条高时，镰仓幕府第十四代执权。他在东胜寺自杀后，镰仓幕府灭亡。

图 4 - 3　切腹的武士
（『結戒合戦絵詞』，收藏于细见美术馆）

（根据三浦一郎的指教，切开腹部后人会向前倒，实际上
要做到十字切是很难的）。

　　藤原保辅的那和切腹拉出内脏的做法是古老的惯例。
据此，有观点认为，祈祷者通过将生命之源的内脏供奉给
神灵，向祭祀该神灵的共同体表示祈祷者真实无伪的丹
心，这是切腹的本来意义，起源于山神信仰和狩猎仪式。
按照这种说法，武士的切腹意味着武运已尽，直面死亡的
武士向弓箭之神以及他所属的武士集团表明最后的忠诚。
镰仓幕府灭亡时的两次集体自杀，正是得宗的近臣集团
（北条一族和得宗被官）用戏剧性的方式向得宗表达自己

199

的忠心和献身精神。那种惨烈的场景也可以被解释为，近臣集团觉察到得宗专制遭到各方面的反对和憎恨，深感前途渺茫，绝望之情喷涌而出（参照第 89 页）。

切腹让人极度痛苦，也很难致死，但一直被认为是在战场或者人前显示自己的勇敢和真心的有效方法。大多数情况下，败军的将士不愿被俘，因而选择切腹，但也有切腹殉主，以及因为职务上被追责而被迫切腹的各种情况。

切腹的规矩

作为一种刑罚的切腹可以追溯到室町时代。到了江户时代，幕府和藩将切腹定为特别属于侍以上的上级武士的死刑方式。幕府法律规定的切腹惯例是，从傍晚到夜间这段时间内，500 石以上的武士在大名宅邸切腹，500 石以下的武士在监牢中进行。

根据《古事类苑·法律部二》所引用的各种史料判断，前者切腹的规矩是，在庭院内一块 1 丈（3 米）见方的土地上铺好沙，再铺上两张无边的草席，覆盖白木棉布或红色毛毡等物，作为切腹之地。囚犯全身穿着干净的、不带家徽的淡绿色（囚犯服装的颜色）服装坐下后，正副两名介错人出场。正介错人报上姓名，行礼，拔刀站在囚犯背后。其余的差役带来用奉书纸包着的 9 寸 5 分（28.8 厘米）的木刀，盛在三方（用白木制作的一种膳

200

具）上，放到距离囚犯 90 厘米左右的前方。接着，副介
错人服侍囚犯把胳膊从袖子里抽出来，催促囚犯去取三
方。当囚犯伸出手去取的那一瞬间，正介错人挥刀斩下其
首级。副介错人取首级给检使看，检使陈述自己全程监督
切腹，如此整个过程结束。有时会用扇子代替木刀（"扇
腹"），有时也会用真正的短刀。砍下的首级和尸体会交
给囚犯的遗族和家臣。

赤穗浪士切腹的情况

元禄十六年（1703）赤穗浪士切腹之时，也是采取
脱去衣服、伸手取胁差时被取下首级的方式。浪士们在复
仇之后被交给四个藩看管，大石等人被监禁在细川氏的藩
邸内。快到切腹之时，浪人们留下遗言。细川家命堀内传
右卫门为负责人。浪人奥田孙太夫询问堀内："我不知道
切腹的规矩，要怎么做？"堀内回答说："我也不太清楚。
听说是把小胁差放在三方上拿给你。然后你把它拉到身
边，脱下肩衣，去取三方。"这时，站在旁边的一些年轻
的人说道："没必要弄这些形式，怎么来都行，你就把头
伸出来让我们砍就行。"堀内的话就被打断了。奥田孙太
夫担任过藩主的近卫和江户武具奉行的职位，拜领 150 石
俸禄，那时也已经 56 岁了。他显然是武士，但也许因为
其祖父和父亲是浪人，并不知道切腹的规矩（『赤穗義臣

201

对話』）。

之所以要在囚犯没有拿到真正的短刀之前将其首级砍下，是因为担心囚犯对刑罚不满，如果拿到真刀的话会进行反抗。这种矛盾的起因是，原本是在战斗中出于本人意愿而进行的切腹，在和平时期变成了被命令执行的、有可能遭受反抗的刑罚。因为采取自杀的形式，所以是尊重囚犯名誉的刑罚，在死刑中属于最轻的。

明治政府最初的刑法典《新律纲领》承认了士族的自裁行为，保留切腹刑罚。但到了明治六年（1873），政府修改律例，废止了作为刑罚的切腹。但在此后的军人中，认为切腹是最适合的自杀方式的观念仍然根深蒂固。

幕末的切腹

接下来的这个事例点缀了作为刑罚的切腹历史的结尾。庆应三年（1867）十二月，朝廷宣布王政复古，成立了维新政府。两个月后的次年二月十五日，法国军舰驶入堺港，登陆的士兵和担任该地警卫的土佐藩兵发生了冲突。藩兵一方开枪杀死了 11 名法国兵。在法国方面的抗议之下，新政府决定对 20 名土佐藩士处刑。处刑在妙国寺（现大阪府堺市堺区材木町）进行。当切腹的人数达到法方遇害的 11 人这个数字时，在场的法国舰长离席，剩下的 9 人被判流放。当时，六队队长箕浦猪之吉

202

等人真正地剖开腹部，露出肠子，让介错人行刑。据说或许是因为介错人不熟练，砍了七刀才把首级砍掉。土佐藩方面的资料记载，法国人被箕浦等人十字切的惨状吓到，待不下去便逃离现场了。而切腹人数和法国一方的死亡人数一致，真相应该是法国方面从一开始就打算到此打住吧。

在这次事件前不久的正月十一日，在神户的居留地（现兵库县神户市中央区）附近也发生了神户事件，冈山藩兵开枪打伤了挡路的外国人。维新政府向外国使臣谢罪，还让该事件的当事者泷善三郎切腹，以求息事宁人。作为刑罚的切腹本是斩首刑，但在神户事件中，为了展示日本武士的意志和怨念，让囚犯正式地切腹，采用了深度切开腹部的十字切方式。堺事件受到了神户事件的影响。箕浦用手抓起从自己腹部漏出的肠子，举起来，大声斥责法国舰长。樱田门外之变发生后，随着政治对立的激化，暴力事件和恐怖事件频频发生，砍杀事件剧增。在这种情况的刺激下，十字切得到了宣扬，切腹本来所具有的凄惨场面愈加显眼。

同年三月十五日是新政府军决定对江户城发动总攻的日子。事实上在前一日，胜海舟和西乡隆盛之间已经达成无血开城的协议。然而在这一天，历任江户时代后期和末期的大坂奉行、勘定奉行、外国奉行等职位的旗本川路圣

203

谟用手枪自杀了。他因为中风而隐退，觉得半身不遂的自己是无法通过切腹来了断性命的，便浅浅地割开腹部，拿起平日爱用的手枪，将枪口对着喉咙，扣动了扳机。从这种死亡方式我们可以看出，破格升迁的能干官员在为幕府殉死的时候，会想方设法地实现切腹自杀的形式，这展现了身为武士所具有的强烈感情。

三岛由纪夫的切腹

最后，我们必须来看看三岛由纪夫的切腹自杀。1970年（昭和四十五年，下文在《日本国宪法》实施以后的年份用西历表记）11 月 25 日，三岛由纪夫在东京的陆上自卫队市谷驻屯地呼吁自卫队为了修改宪法而"决起"（发动政变），之后切腹自杀。和他一起行动的还有其私人武装团体"盾之会"的四名成员。

从以战前的"二二六事件"为题材的《忧国》（1961年刊行）开始，三岛强烈意识到天皇的存在。但他意识中的天皇不是受近代官僚制限制的明治宪法下的近代天皇，而是美之总揽者，包含"菊与刀"两方面的、作为文化概念的天皇，是混淆了美学且不符合时代的概念。三岛的家庭是三代精英官僚世家，但其祖父没能升任大臣就失势了，父亲没有作为和魄力，而三岛本人也在进入大藏省九个月之后就自愿离职了。三岛的祖母是在幕末做过若

204

年寄的永井尚志的孙女，是个沉浸在风雅和传统艺能的世界中的人。她把年幼的三岛从其母亲身边夺走，并且溺爱三岛。这种异常的家庭环境是三岛形成这种思想的原因之一。

三岛对《叶隐》非常入迷，以武士自居，私淑于对明治新政府不满的熊本的复古主义团体神风连。明治九年（1876），政府公布了废刀令。以此为契机，神风连举兵，袭击了兵营和县厅。出于国粹主义的立场，他们避讳洋式兵器，只使用大刀、枪、长刀之类的武器，所以第二天就被使用步枪的镇台兵轻而易举地镇压了。

三岛在自杀之前，为了让人们听到自己的演说，抓了东部方面总监作为人质，使得市谷驻屯地的自卫官聚集到了本馆前。八名幕僚想救出总监，但被三岛用自带的类似军刀的日本刀砍成重伤和轻伤。三岛在二楼阳台进行了大约十分钟的演讲，呼吁"自卫队用自己的力量来修改宪法"，之后运气使劲大吼一声，用短刀切腹。担任介错的是"盾之会"的会员森田必胜，他用太刀砍了三次才将三岛的首级砍落。之后森田也切腹，由别的会员担任介错，一刀就砍下了首级。

据说，在三岛上脐下方 4 厘米处，从左往右，有长达 13 厘米的伤口，深度有 4～5 厘米，小肠漏出腹部之外达 50 厘米左右。另外，介错的一刀砍到了他的下巴，大臼

205

齿碎裂，几乎咬断了舌头。据说介错使用的日本刀叫"关孙六"，此前刀的根部和刀尖就已经有很大的损伤。事件之后，刀刃有 40 多处受损，还有 3 处弯成了 S 状。剩下的"盾之会"成员在事件后的审判中"主张这是遵循武士之情和武士道而不得不做的行为"，但检察官认为："介错是斩人首级的行为，属于一种杀人方法，仅仅是夺取别人性命的行为。"（第一六回公判「諭告要旨」）

这次事件包含了特殊的主张和离奇的行为，不仅给日本社会带来了巨大的冲击，就连海外也对这位国际知名作家的行动惊讶不已。

随着时代的不同，武士的精神史也有很大的变化。最大的原因在于，中世之前和之后的社会构造和主从制度发生了巨大变化。国内的和平稳定也是重要原因之一。这正是他们在社会上的存在形态决定了他们的意识（卡尔·马克思）。

第五章 诞生于近代日本的
"武士"
——膨胀的虚像

1 武士成为军制改革的绊脚石

黑船来航和军事实力的差距

江户后期，外国船只频繁来到日本，向日本施压，要
求开国。特别是清国在鸦片战争（1840～1842 年）中
输给英国，这一结灵对日本的冲击非常大。清国被迫签
订不平等条约，答立割让香港岛，开放上海等五处港口
以及支付赔偿金等。这成为中国半殖民地化的起点。以
强大的军事实力为背景，资本主义列强将目标转向日本
也只是时间问题。

嘉永六年（1853）六月，佩里舰队来到浦贺冲时，幕府没有实力去阻止。次年的嘉永七年正月，佩里再次率领强大的舰队来到日本。幕府与其签订《日美亲善条约》，实行开国。佩里舰队展现了彼此军事实力上的悬殊，幕府不得不采取避战之策。未曾战斗就屈服于西洋的军事实力的现实，成为幕府迈向军事改革的决定性契机。

安政军事改革

208　　同年七月，老中阿部正弘开始了所谓的"安政军事改革"。他让提倡强化海防和攘夷的水户藩主德川齐昭参与幕府的政务，设立讲武场（之后的讲武所），用作旗本和御家人等学习兵术的地方。在这里的兵式训练中，炮术变成了西洋式的。因此，武役的番方要想出人头地，就必须像练习其他武艺一样，去学习西洋炮术。在安政时期，旗本履历书上必须写上向谁、在哪里学习过炮术。次年的安政二年（1855），汤岛铸炮场开始制作西式步枪。

　　幕府也开始加急建立海军，在荷兰的协助下在长崎开设了海军传习所，以培养海员。不仅让旗本，还让各藩的有志之士来此学习。安政四年四月，筑地的讲武所内开设了军舰教授所（后来的军舰操练所），神户也建了海军操练所。沿岸的警备也在完善，在江户湾和大坂湾建了炮台，函馆建了五棱郭，以防范外国船只。

文久军事改革

阿部死后，井伊直弼就任大老，一时间停止了引进西洋式军备。但在文久二年（1862），在将军监护人德川庆喜的指挥下，以建设西式军队为目标的军事改革开始了。本来打算将陆军、海军分开，设置由谱代大名担任的总裁（相当于元帅）和奉行（相当于中将），再在其手下组编常备军。但因为财政上的理由，只能暂且不设海军，先设目前能实现的陆军，并且只能从直属的近卫战力的整备开始。构想是设置步兵、骑兵、炮兵三个兵种，主力是步兵中的重步兵，由 16 大队组成，约 6400 人（1 大队 400人），加上装备米尼步枪（前膛来复枪）的轻步兵，总共约 8300 人。重步兵从各旗本知行所的农民中征召，其余的兵种则分别从与力、同心、小普请组（由俸禄 3000 石以下的、没有职务的旗本和御家人编成的组，多为老幼病残或者因罪被免职的人。这些人被看作所谓的无业游民集团）的下层中征召。还设置了相当于士官的新职位，让在讲武所进修过的旗本家的次子、三子有得到提拔的机会。

之前的安政军事改革既鼓励武士进行西洋炮术的训练，也着手将至今仍装备弓箭、长柄枪和火绳枪的足轻部队西洋化，所以和之前的军制相比没有太大的违和感。但

209

是文久军事改革模仿欧美近代的（官僚制的）军队制度，征召农民和不能直接会见将军的武士阶层，创设了步、骑、炮三兵。因为这对既有的军制影响颇大，所以没法从之前的军团构成着手，只能在其外部进行组织。

军事改革瓦解了武士身份

通过这些改革，弓术、纵马以弓箭射犬之术、柔术、游泳等以前的武艺被废除，刀和枪在战斗力上也失去了价值。对大炮和步枪的改良和发展，特别是步枪的轻量化和普及提高了步兵的价值，让他们通过短时间的军事训练就能转化为战斗力。文久军事改革将一部分旗本步兵化，而在接下来的近代，则开始从国民大众中征召一般士兵。

本来，武士在藩内的地位决定于他们在家老或侍大将所率领的各部队中处于哪个位置，而这又表现为承担与俸禄相符的军役而出征时，根据主从制、身份制编成的随从（包含很多非战斗人员）人数的多少。这种地位在和平年代就固定成了家族的家格，也和藩内的日常行政职务相对应。在近世，身份和行政组织等政治制度是以军制为基础的，所以，军制改革，最终必定导致由主从制组织起来的军团的瓦解，以及政治体制的改变。呼吁武的重要性和紧急性，以及逐渐进行的军制改革，却产生了意想不到的结果，反而威胁到武士身份的存在基础。

反过来说，在幕末这个西洋文明的优势已经非常明显的时期，幕府却未能踏出全面改革军制以实现军队西洋化的一步，是因为这牵涉到否定以幕府为顶点的旧体制。在第二次长州征伐中，幕府败给成功实行了以奇兵队（不拘泥于身份而重视实力，广泛从农民和町人中征集有志之人的非正规军）为中心的军事改革的长州藩，这不是没有理由的。之后幕府也继续实行了军制改革，只是在看到成果之前，幕府自身就已经崩溃了。

2　作为士族政权的明治政权

明治维新与士族

明治维新是将幕藩制国家转向近代天皇制国家的革 211
命。关于其开始和结束有诸多说法，而通常的说法是：前半期从开港到庆应三年（1867）的大政奉还、王政复古，以及从明治元年（1868）到次年进行的新政府军与旧幕府的战争（戊辰战争）为止；后半期则经历了废藩置县、秩禄处分、地租改革等各种各样的大型改革，到明治十年（1877）的西南战争为止。总之，明治维新是对在日本创造出近代国家的一系列过程和时期的总称。

明治国家是以王政复古的形式成立的。以天皇亲政为口号，采用模仿律令制的太政官制度，将立法权、行政权、司法权、军事权集中在作为中央政府的太政官手中，实行专制体制。但因为近代化势在必行，结果成了在复古的形式下不断地实行否定旧体制的改革。废除封建身份制度就是其中之一。首先，伴随着明治二年的版籍奉还，藩主和家臣之间的主从关系解除了。取而代之的做法是，将藩主和公卿一并称为华族，将各藩从藩主同族以下到平士阶层（上士的下层，普通武士）的武士全部称为士族，再往下的则根据多年的习惯称为卒。同年十二月，旧幕臣也得到了士族的称号，同时，没有拜谒将军资格的人则作为卒，位于士族之下。之前的"农、工、商"被一并称为平民，被允许使用姓氏（苗字），也得到与华族、士族通婚以及选择住所和职业的自由。这就是所谓的"四民平等"。

明治五年实行了统一的户籍编纂（壬申户籍），以华族、士族、平民这种新的族籍为标准。当时，各藩对于区分士与卒的标准并不统一，为了解决这个问题，废除了卒，将"世袭的卒"编入士族，将"原为平民、仅一代为卒者"编入平民。这些身份制度改革虽然只限于男性，但形成了拥有相同义务的"国民"。据统计，明治六年正月的士卒合计 408823 户共 1892449 人，华族 2829 人，平民 31106514 人，其余身份（僧侣和神职等）的有 298880 人，总共 33300672 人。

第五章　诞生于近代日本的"武士"——膨胀的虚像

士族特权的废止

近世大名及其家臣团的俸禄作为家禄持续了一段时间，但版籍奉还后开始分阶段地逐渐削减。随着废藩置县的实施，家禄和赏典禄（给在王政复古、戊辰战争中有功劳的人的俸禄）等秩禄由明治政府取代藩来支付。因为这部分支付的额度巨大，明治六年（1873），政府制定了秩禄奉还的法令，先向自愿者停止支付秩禄，取而代之支付现金、公债。接着，明治九年，政府公布条例，根据俸禄额，给所有领取秩禄的人发放金禄公债①证书，终结了秩禄支付。这被称作秩禄处分。这是一种激进的改革，强制性地没收作为士族特权的俸禄，将其置换成带期限的、只能得到极少利息的公债。

213

征兵令和废刀令

就这样，士族的特权被逐渐废止，经过明治六年的征兵令和明治九年的废刀令，他们甚至失去了军事上的垄断地位。前者是基于前一年的《征兵之诏》和《征兵告谕》。山县有朋等人根据幕末的经验和对欧洲制度的借鉴

---

① 明治政府废除旧俸禄制度时对华族、士族采取的秩禄处分中的最终措施，于 1876 年发行（参照『新世纪日汉双解大辞典』）。

制定了《征兵告谕》，其中写道："然太政维新，列藩奉还版图，及辛未之年，远复郡县之古（中央集权制），许世袭坐食之士减其禄，脱刀剑。四民渐得自由之权，是平均上下，齐一人权之道，则兵农合一之基。"可以看出，这是"远复郡县之古"即采取复古的律令制度但同时达成四民的人权平等的方法。虽然这是为了让庶民接受征兵令，但其中对武士时代的严厉评价耐人寻味："固后世带双刀，称武士，抗颜坐食，甚至杀人而官不问其罪者。"早期还有各种各样免除兵役的规定以及代人制。明治二十二年（1889）的重大修正后，确立了国民皆兵的原则。

废刀令是禁止军人、警官和穿大礼服者之外的人带刀的法令。政府已在明治三年十二月禁止庶民带刀，接着明治四年八月发布散发脱刀令，主张散发（即披散头发）和不带刀自由，促进打破旧俗风气。但因为不是强制性的，依旧有很多士族带刀。于是，随着征兵令的施行，政府发布废刀令。除了穿着制服的时候，所有人都被禁止带刀，所以近年来这一法令被称为禁止带刀令。

统治阶层在毫无抵抗的状态下失去了既得权利。这种废止各种特权的事例从世界史的角度看也是罕见的。当然，也有对明治政府这些没收特权的政策持批判态度、感到不满的士族。以明治七年的佐贺之乱为开端，到两年后的神风连之乱、秋月之乱、萩之乱，士族叛乱不断发生，一直持续到明治十年的西南战争。西南战争中，由于西乡军的败北，士族叛乱停止了，取而代之的是已经开始的自由民权运动。推行近代化的主体曾经是大久保利通、木户孝允等萨摩、长州等藩的政治家，但他们的专制被自由民权派批判为官僚专制。因此，他们不得不接受民权派的要求，即制定宪法，开设国会。随着内阁制度的建立（1885年）、《大日本帝国宪法》的制定（1889年）、国会的开设（1890年），天皇中心主义和议会制在矛盾中结合，独特的立宪君主制国家成立了。

215

明治政权是士族的政权

士族在明治政府的统治机构中所占比例很高。明治政府的官吏任用制度始于明治二年（1869），定下了敕任官、奏任官、判任官之别。在敕任官中，由天皇亲自任命的又被特别称作亲任官。亲任官、敕任官、奏任官被称作高等官，是上级（特权）官僚。如果把他们比作当今国家公务员中的职业官僚，那么判任官则相当于非职业官僚。

园田英弘根据明治十四年的《日本帝国统治年鉴》指出，士族有425658户，与此相对，由中央、府县道的文武官、司法官、警察官、监狱官、技术官组成的官吏总数是78328人，其中52032人是士族，同时，郡区町村的官吏总数达 90266 人，其中 15524 人是士族。也就是说，中央、府县道的官吏中士族占了近 70%，即便是在包括郡区町村官吏的所有官吏中，士族也占了约 40%。这些数据不包括担任小学教员的士族，据推定约有 3 万人，若是加上的话可以推算出，拥有官职的户数占全部士族户数的 23%，在士族人口中，至少 4% ~ 5% 是带官职的。由此可见，明治政权实质上是士族的政权，是旧武士的政权。

士族的名誉意识

但是，虽然明治政权是士族的政权，其实施的政策却是剥夺武士的社会特权，完全废除其经济特权——家禄，只留下一些金禄公债。一部分士族阶层苦于每天的生活，甚至都放弃了那部分公债。为了救济失去工作的士族，政府或府县实施了奖励他们向农、工、商转行的政策，叫"士族授产"，投入了大量的援助金，但是很多士族的创业都失败了。正如"士族的商法"一词所表达的，士族因为其高傲的态度，以及缺乏经营观念，很多时候都不适合经商。但是，以士族这一族籍为指标的社会集团却很难解体。士族这一族籍被赋予了和平民不同的名誉意识。不用说士族叛乱中作为叛军一方的"武士意识"，就连镇压者一方的政府首脑中也有固持保守立场，因拥护士族特权而在大久保政权内被孤立的人。那就是木户孝允，到明治四年的废藩置县为止，他曾是最激进的开明派人士。

士族偏好成为官吏

从武士被编入士族的人，因为失去了社会上和制度上的特权，不得不重新开始职业生活。如前所述，对他们来说最有魅力的职业，是半随着武士阶层的解体而产生的官吏。 217

现在的公务员，从宪法上说，"都是为全体服务，而不是为一部分人服务"，其选举和罢免是"国民固有的权利"（《日本国宪法》第 15 条第 2 项、第 1 项）。与此相对，对于战前的官吏，《官吏服务纪律》［规定官吏的服务义务的敕令，明治二十年（1887）第 39 号敕令］第 1 条中规定："所有官吏都对天皇陛下及天皇陛下的政府忠顺勤勉，遵守法律命令，各尽职责。"现行宪法中的"不是为一部分人服务"这句话，包含了对为天皇服务的官僚制度之弊害的反省。

成为官吏不会损害武士的名誉意识。这是因为官吏拥有类似俸禄制度的、定期得到薪水支付的生活，并且被看作距离天皇和国家很近的阶层，这些都是和武士相通的特点。如果关注各族籍阶层每 1 万人中培养出了几名官吏这个比例（辈出率），则可以发现：明治七年（1874）的士族中有 64.1 人、平民中有 0.7 人成为官吏；明治三十一年（1898）的数据是士族 136.4 人、平民 4.6 人。这两者间的差距之大就不用说了，笔者想提请注意的是，明治时期越往后，士族中成为官吏的人数就越多。

成为警官、军人的选择

除此之外，对士族来说有魅力的职业还有警官、军人和教员。这些职业不会损害他们作为武士培养起来的名誉意识，依靠接近俸禄的、将威信和报酬序列化的工资体系，并且能够维持生计。以警官为例，据说明治十三年（1880）的警官总数 25000 人之中有八成左右是士族。从辈出率来看，士族 1 万人中有 100 人是警官，而平民中只有 1.5 人，差距非常大。而且对于原本就垄断了武这种职业的士族来说，他们会有一种这是自己应许之事的职业意识。

官吏、军人、教员等职位伴随着由位阶和功勋等级代表的公共威信，对学识教养方面有要求，是"新型的靠俸禄吃饭的人"。士族除了选择这些职业之外，还有一个选项。尽管经济上并不算丰裕，但有人特意决定做一个"无业人员"。但是，他们并不是根据不同的价值观而选择出路的。倒不如说，这两种类型的共通之处在于都重视"社会名誉"，正因为认为"靠俸禄吃饭"的生活有很高价值，才会既有一些人成了成功者，也有一

218

些人因为名誉意识的心理障碍而挑剔职位，结果成了"无业人员"。

　　武士的生活方式顽固地存续下来。在士族的婚姻和继承中，像选定配偶和养子这种日常生活中的社会关系是不可能轻易改变的。至少在旧藩士的卒族集团内，从上级武士到下级武士的威信秩序，并没有轻易坍塌。

士族与学历社会

　　比起平民，士族家庭的长子就读上级学校的比例更高。其中包含了士族们强烈的传统意识，以长子的单独继承制为前提，他们想尽方法去维持自己家族的威信与体面。在明治二十年至三十年之间，官吏的选拔遵循学历主义，在社会阶层的上升路径中，学校制度起了决定性作用。原则上，武士文武兼备，所以相对来说他们本来就容易适应学历社会。当时，根据被认为比较偏向非士族的、"庶民性"比较高的千叶县立中学的毕业生升学就业数据，我们可以发现明治四十年以前的士族学生有以下特点：①有忌讳从事实业的倾向；②有志于从事官吏和军人等有公众威信的职业；③到官立上级学校的升学率很高；④为了升学到上级学校而做"浪人"已经成为常识。由此可知，在利用学校教育这一点上，士族和平民的差别很大。

219

第四个特点之所以可能，是因为他们生活宽裕，有较高的经济实力作为保障。尽管在明治时期丧失了经济特权，但越上层的旧武士阶层越能维持富裕的生活。所以他们才能利用教育机会，实现向学历精英的转型。身份低微的家庭的子弟梦想出人头地而上学，这样的例子想来也是存在的，但实际上数量很少，不过是例外罢了。在明治时期有机会享受高等教育的士族主要出身于中上层武士，包括数百石、数千石俸禄的武士家系，他们化身为明治国家新的精英阶层。

大正三年（1914）修改了《户籍法》，身份登记制度被废除。所以，之后的士族称呼只能表示该家族过去是武士这一事实。这种状况一直持续到战败后的 1947 年（昭和二十二年）全面修订《户籍法》为止。

到此，我们参考历史社会学的研究成果，看到了士族的职业选择的状况和结果。正因为特权被废除，他们选择了进入明治国家的新统治阶层这条路。我们也要看到这一面，明治政权之所以是带有武士性质的政权，是因为那些投身于维新革命，在新政府成立后成为政府指导者的政治家大多数都是武士出身。在明治国家成立后，广大士族阶层进入统治机构内部，占有压倒性的比例，取代将军和藩主，作为新的主人，拥护天皇和国家，支撑起政权。

富国强兵

恢复国家自立（修改不平等条约），实现强国并与欧美列强为伍，这是明治政府的目标。为此，政府在积极吸收西洋文明的同时，也追求增强经济实力和军事实力。最能体现将这一点作为国家目标的是"富国强兵"这一口号。富国的基础在于工业实力，为此，政府采取了"殖产兴业"政策。同时，政府认为创建近代军事力量能够实现富国，因而格外重视，采用国民皆兵主义，推行以枪炮为中心的军队建设。随着征兵令的公布，用于内战或者防御外敌的东京、仙台、熊本等六镇台制得到整备，政府依靠这种制度获得了西南战争的胜利。

统帅权的独立

明治十一年（1878）八月，发生了近卫炮兵的叛乱，即"竹桥事件"。于是政府以陆军卿的名义发布了《军人训诫》。自由民权运动的影响波及军队内部，明治十五年正月，发布了《赐予陆海军军人的敕谕》（简称《军人敕谕》）。一直到1945年因战败而解散军队为止，《军人敕谕》都被当作确立军人精神的绝对规范，表明了天皇亲率军队、和政治无关、对命令绝对服从等原则。当时，陆军是法国式，海军则是英国流。而在明治十八年到二十一年（1885~1888）期间，为了建立外征军队，实行军制改革，陆军转为德国式，将镇台制改成师团制，以增强实力。这是因为，为了出国作战，有必要增强机动力和后方部队的编成，集中运用兵力。

明治十一年（1878），原本是陆军省外局的参谋局被废止，政府设置了独立的参谋本部，其部长（山县有朋）直属天皇，和陆军卿并立。参谋本部遵循《军人敕谕》的原则，在军队统帅（军令）方面发展成辅佐天皇（大元帅）的机关。另外，决定设立参谋的培养机关陆军大学校，于明治十六年（1883）在参谋本部内建校，还雇用了德国陆军将校。在帝国宪法发布后，统帅权也从一般的国务中独立出来，最终，陆海军脱离了政府的制约，发展成具有很强自立性的一大政治势力（军部或者军阀）。《军人敕谕》里"和政治无关"的原则，成为军队抵制政治干预的依据。

3　《日本战史》的编纂

战国合战与《日本战史》

我们如何能够知道发生在遥远过去的战争，比如战国时代的合战的具体情况呢？我们很快会想到历史小说、电影和 NHK 大河剧等。但这些作品有没有基于史实的学术依据呢？这是我们需要思考的。日本的古战史研究的先驱和代表是全十三卷的《日本战史》。这是从明治二十二年（1889）到大正十三年（1924）的编纂事业的成果。

　　直到早些时候为止，历史研究者出于对战前军国主义的反抗，对战争史研究没什么兴趣，更准确地说是有忌讳的倾向。《日本战史》虽然陈旧，但已在当时的条件下，网罗史料，几乎对战国时代所有著名的合战都进行了详细叙述。所以，直到最近，历史小说家就不必说了，就连历史研究者，不管是否愿意，都常常参考《日本战史》来 223 叙述战国时代的合战。负责《日本战史》的编纂和刊行的是陆军参谋本部，他们是和战略、战术相关的专业集团，其中负责推进该事业的是参谋次长川上操六。

　　川上负责为日清战争做准备而进行的军制改革，致力于充实军令系统的功能和权限。明治十七年（1884），他随陆军卿大山岩前往欧洲，归国后晋升少将，成为参谋本部次长。明治二十年，留学德国；明治二十二年担任参谋次长（他的上司总长是皇族，所以次长实际上统辖参谋本部），次年升中将。他还是制定日清战争作战计划的中心人物，带领日本获得了胜利。

　　川上在德国留学时，从四月中旬到次年三月一直学习有关战术的内容，之后，参加每周两次的 "从古至今的战术变化"讲义。这种经验引发了川上编纂正式战史的热情，他回到日本后便开始了《日本战史》的编纂。

参谋本部这个概念形成于拿破仑战争后的普鲁士王国。1816 年，普鲁士的参谋本部内部创设了正式的战史课，取代历史学者来进行正式的战史编纂，研究古今的所有战争。把参谋本部当作军队的头脑，将其培养成指导战争的最高统帅、策划机关的是元帅赫尔穆特·冯·毛奇（Helmuth von Moltke），他是普鲁士的军人，在普奥战争、普法战争中取得大胜，为德意志的统一做出了巨大贡献。

横井忠直的参与

224　　负责《日本战史》编辑与执笔的中心人物是横井忠直。他于弘化二年（1845）出生于丰前的儒医之家，在汉学塾学习过。明治三年（1870），他到京都府任职，被提拔为学务课长。明治十三年（1880），在友人的劝说下上京，被推荐为陆军省御用挂①；明治十五年（1882），补任为参谋本部课僚；明治十七年（1884）兼任陆军大学校教授；明治二十三年（1890）被任命为陆军编修。他除了专注于古战史的编修，还参与了西南战争、日清战

_____

① 宫内省及其他役所任命的、负责某一事务的职位及其人。陆军省御用挂即负责陆军省事务之人，后文出现的海防挂即负责海防事务之人。

争和日俄战争的战史编纂。明治四十三年（1910），他辞去官职，但仍被委托与编修相关的事务，继续从事执笔工作。大正五年（1916）去世。

据说横井撰写了从第一次发行的《关原之战》（1893年刊行）到《山崎之战》（1920年刊行）为止的12卷。其内容以《关原之战》为例，"本编"按照时间顺序叙述了战局的推移，"文书编"则刊载了关于战役的史料，"补传编"收集了和战役相关的猛将、勇士的言行，以及烈妇（坚守贞操、气性刚烈的女性）和忠仆（忠于主人的下人）等的事迹。除此之外，还制作了附图、附表。这种形式在当时非常新颖，其内容还包含了对通说的批判。

《关原之战》中列举的日本战史编纂委员有两名陆军校官和横井忠直，还有两名编修书记。编修书记作为横井的助手，负责实际操作。

具体编纂过程

2001年，笔者为弄清《日本战史》的编纂过程，前往防卫厅（当时的名称）防卫研究所，阅览了旧陆军相关史料中的《参谋本部大日记》（将发布的文件的备份与收到的文件按照日期先后顺序装订成很厚的一册。每一年都分天、人、地三册），结果知道了川上在回到日本并就任参谋次长的明治二十二年（1889）九月，编纂就已经

225

开始了，但正式启动还是在稍晚的明治二十四年六月之后。在那之后，第一次发行的《关原之战》的编纂是一气呵成的。

《参谋本部大日记》中和编纂相关的史料部分是从明治二十四年度开始的，明治二十五年至二十六年期间有大量的文件保存了下来。其中一部分是参谋本部副官部与帝国大学史料编纂科（现东京大学史料编纂所）之间关于史料借用与返还的文件。

根据帝国大学文科大学教授、史料编纂科事务主任三上参次的回忆，明治二十三年、二十四年后，横井为了寻找《日本战史》的材料屡次造访史料编纂科。于是编纂进展飞速，明治二十五年十二月，奉命负责印刷与销售的公司已经向参谋本部请求，许可在报纸上刊登预约购买的广告。这种尝试说明，他们对《日本战史》的定位不只是军部内部传阅的图书，还试图在市场上销售，获得广泛的读者。

出版宗旨书

参谋本部制作战国战史的理念与战史观是怎样的呢？

接近《关原之战》刊行的明治二十五年十二月，以川上的名义（实际上可能是横井执笔）在《关原之战》一卷的开头刊载了《日本战史绪言》，相当于编纂事业的出版宗旨书。

值得注意的是，川上在其中写道，"我们尝试写一种符合兵学的叙述，但当时的历史书中根本没有一条详细记录了我们今日所急需的内容。因此，它们对于编修一部事无巨细的、详述完整的战史是没有用的"，尽管如此，他们还是用尽一切手段编纂了这部书。可以认为，他们得到帝国大学等方面的协助，在当时的水平下已经尽可能地收集了史料，但他们依旧断言没有得到对兵学有用的详尽的内容。尽管如此，他们还是说战史的编修顺利完成了，包括"与兵学相关的记述"。

这份宗旨书相当于在坦白说："我们'广泛地收集了材料'，但从兵学的角度来看并没有有用的史料，但是又不得不撰写战史，所以，对于史书上没有明确说明的地方，我们特意根据自己的判断进行了深入叙述。"这种判断的依据是什么？是"某位武将在战场上一定是这种心态"的推测，以及分析史料的叙述者拥有的战术眼光和用兵知识吧。227 "我们以此为依据，将战斗的各种局面进行了积极的重组。"川上写的这段话，追根到底就是上述意思。

战史叙述的困难之处

战斗本来就是变化莫测的动态的连续，所以要客观地记录战斗，本身就是困难的，更不用期待当时的史料会记录将士们的心理状态了。旧陆军将校，后来担任陆上自卫队干部学校教官的浅野祐吾断言道："指挥官在怎样的心境下下定决心，发布命令？杀伤与毁坏造成的精神恐慌是怎样的？如何把握这些问题，对撰写作为教养书的战史的人来说是最头疼的事情。这是处于历史事实和文学虚构的交接处的研究难点。"他指出，撰写战史常常会被文学的虚构性所诱惑，从科学的观点来看的话，这是相当危险的思想活动。这点是极其重要的。

更进一步来说，《日本战史》的编修者在对某次战斗进行研究和分析时，一开始就拥有关于战术与用兵方面的知识。而在战国时代，这些知识当然要经过朴素的调查研究的不断积累才能获得，所以编修者的知识不可能代表战国时代的知识，而基本上都是明治陆军的战术眼光和军事知识。并且，包括组织军队、招募士兵的方法，补给，对战死者和伤员的补偿等各种应对及其他方面，近代国民国家体制下的明治军队和战国时代的军队当然完全不一样。明治中期，对于中世到战国时代的社会经济方面的学术性研究还完全没有展开，《日本战史》也完全没有注意到这些方面。

《日本战史》是拟古物语

说到底，我们从《日本战史绪言》中可得出的结论是，《日本战史》是一部用近代军队的视角和标准去撰写的战国战史。实际上它不可能成为战国战史，而是只在戎衣（盔甲、军服）和武器上带有古风的、从近代野战类推出来的架空战史。

这一事业的总负责人川上和在现场作业的横井在这个主题上的知识水平和方向都不一样。虽然横井自己并没有受过正规的将校教育，但他通过自学和多年从事战史编纂的经验，以及观看陆军特别大型演习之类的活动，肯定养成了相当于专业军人的战术知识和对于地形的判断力。

从这层意义来说，笔者认为《日本战史》是近代军人眼中的拟古物语。其背景如下：在日本的近代史学摇篮期，拥有大局观的军事史还未扎根；军队在转型为以对外战争为目标的过程中，为了压制反对出战的陆军少数派，其中一个措施就是禁止军人自由地进行兵学研究；在这时形成的军人世界里，战史就只能被理解成偏向于战术与精神力的战斗战史。

如同亲眼见过一般撒谎

因无法得到正确且具体的战斗相关史料，《日本战史》就依靠江户时代那些以娱乐为目的的军记物语和军谈等作品，勉强地写出了架空的战史，结果扭曲了国民的历史意识，成了很大的问题。正如第三章所述，在长筱合

229

战中，织田军动用大量的火绳枪，通过三段击的方式将武田氏的骑兵队打得粉身碎骨——这种被选入历史教科书的"新战术"和错误的历史常识，是由明治三十六年（1903）刊行的《日本战史·长筱之战》创作出来的。除此之外，织田信长在桶狭间①的奇袭中大破今川义元的大军这种通常说法现在也被证明是不符合事实的。

另外，根据最新的研究成果，被认为决定了关原之战胜败的小早川秀秋的倒戈，从可信度高的史料来看是毫无根据的。之前的观点认为小早川一直在犹豫是否要追随"东军"，直到家康开始放枪催促，到了正午时刻他才终于背叛"西军"。真相是，在开战时小早川就已经倒戈，正打算布阵的石田三成一方瞬间全线崩溃。所谓战况激烈，一直到中午都胜负不分的说法，是江户中期以后的军记物语作者的创作。并且，据说《日本战史·关原之战》刊载的两军布阵图与江户时代描绘的每个布阵图都不像，怕是参谋本部自己画的吧。

战史误导了战争

更严重的问题在于也许战史让近代军人犯下了愚蠢的

---

① 尾张国田乐狭间（现爱知县丰明市）。永禄三年（1560）织田信长在此对今川义元发动奇袭。

错误。这种在近代军人的立场上诞生的架空战史,束缚了近代作为领导者的军人的思考与志向,让他们以脱离史实的"战训"为根据,构想出了现实的战争并付诸行动。下面举一个著名的例子。在日美开战是大势所趋之时,主张有必要偷袭夏威夷珍珠港的是联合舰队司令长官山本五十六。他在昭和十六年(1941)十月二十四日写给海军大臣岛田繁太郎的信中说明了自己的立场:"结果被逼一并实施桶狭间、'鹈越'① 和川中岛②的做法。"众所周知,帝国陆海军经常发动偷袭,但因为实际上并不符合战斗常理,基本都被擅长收集情报、侦察敌情和进行防御的美军提前发觉,导致惨败。

不能损害国家的名誉

更糟的是,川上操六于明治三十二年(1899)过世之后,公开发行的《日清战史》的编纂由参谋本部第四部(战史部)部长大岛健一接手。据说,大岛改变了川上的编修方针,否定了批判性研究,重视保持军队的威信。在这点上,重视战史的毛奇也不例外,他对战史编纂下达训令:"不能损害对我军的胜利做出贡献的人的名誉,

---

① 位于神户市兵库区和北区之间的山口,传说是源平合战的古战场,义经在此陡峭的悬崖发起对平氏的偷袭,又称一之谷合战。
② 位于长野县长野市,曾是上杉谦信和武田信玄数次交战的战场。

231　这是国民的义务。"结果，毛奇的普法战史中有非常多的错误和隐瞒，将本应成为镜鉴的战训藏在了光辉的胜利背后。

另一方面，根据横井的追悼文集《孔昭集》（私家版，1918年刊行）可知他是这样的人物：他"看到世间的学者大多都将国耻如实记录，一副得意扬扬的面孔"，便感慨道，"忠孝不可分，国民与君主的关系，就如同儿子与父亲的关系。现在的学者将国耻如实记录下来，就如同儿子将父亲的恶行传播开来，没有比这个更大的罪过了，实在令人感慨至极"。

我们可以想象，正因为有着这种意识，在撰写战史之时，他们有可能过小评价或者无视那些否定日本人"尚武之风气"和将士之英勇的事实。在叙述战争时，放弃批判性的观点，优先考虑国家的威信与处于领导地位的军人的名誉。这种战史只能越来越甘于堕落，变成架空的历史，对现实的战争指导有害无益。

4　近代武士道的登场

新渡户的《武士道》

232　到了近代，武士身份被废除，武士道也被人们忘却了，但不久又得以复兴，以全新的面貌出现在人们眼前。在《读卖新闻》［明治七年（1874）创刊］的消息一览里检索"武士道"这个词就会发现，该词最早出现在明治十八年（1885），之后，从 20 世纪之前几年开始，一下子受到人们的关注（这点来自高久岭之介氏的赐教）。这个时期武士道的代表作是新渡户稻造的《武士道》（*Bushido, the Soul of Japan*）。新渡户是农业经济学者，后来以教育学家及国际联盟事务局次长等身份在国际上也大显身手。

这本书于 1900 年（明治三十三年）首先在美国出版。其内容由"作为道德体系的武士道""武士道的渊源""义""勇——敢作敢当、坚忍不拔的精神""仁——恻隐之心""礼""诚""名誉""忠义""武士的教育和训练""克己""自杀及复仇的制度""刀——武士之魂""妇女的教育及其地位""武士道的熏陶""武士道还活着吗?""武士道的将来"共 17 章组成，武士道完全被作为"伴随武人阶级身份的义务"和武士的道德体系来论述（矢内原忠雄译）。新渡户的英文著作回应了欧美人对武士的好奇心，并且被翻译成多国语言。八年后由樱井欧村翻译成日语版《武士道——日本之魂》，并不断再版。该书引用了很多欧洲的历史和文学来阐明武士道，所以可以看成西欧与日本的比较文化论。

虽然该书对道德内容的细分和士道多少有些类似，但和近世的士道、武士道完全是两码事。说起来新渡户对日本的历史和文化并不了解，也没有读过《叶隐》的迹象。首要原因是，《叶隐》当时还没被世人所知。新渡户所主张的武士道是通过收集零零碎碎的史实和习俗，以及伦理、道德的片段，将脑海中的"武士"形象丰富起来，编织而成的一种创作。并且，这样创作出来的武士道是远离战斗的，和武士并没有什么关系，是对基本道德的概括。

披着外衣的基督教

新渡户认为武士道酷似西洋的骑士道。因为他的武士道是从骑士道类推出来的东西，所以当然相似了。在他的武士道论中，对道德的细分是以"义"开始的，这也是因为有必要和基督教的"义（人在神前的正义，与神的正确关系）之道"重合。这种将武士道和骑士道与基督教重合起来说明的做法有一种效果，即让日本内外都觉得日本人是能与西洋人匹敌的优秀的文明民族。我们可以从中读出以追赶、超越欧美为目标的近代日本知识分子的心理状态和隐藏的自卑。

新渡户是教友派的热心教徒。他认为教友派所有人对光的冥想的立场，和主张宇宙中的生命一体化的东洋思想是相通的。他思考了东西文明交流的方法，认为从骑士道

234

类推出来的武士道是日本美好的精神传统，而基督教培养了这种精神。新渡户的武士道论是 "披着武士道外衣的基督教"（菅野觉明），既能向欧美人献媚，又能对付来自本国的国家主义者的攻击，后者认为基督教有悖于忠君爱国的道德。对于他来说，基督教和武士道并不是相互矛盾的。

　　该书刊行在日本经过了反欧化主义，在日清战争后的民族主义势头大增的时代，那是充满好战风潮的时代。日俄战争后，该书日文版出版了，日本国内外都把它当作一部能了解日本战胜清国和世界大国俄罗斯的原因的书。正是以日本的存在感剧增为时代背景，该书的内容也被赋予了某种真实感，起到了让外国人理解 "日本人"，让日本人自我满足的作用。

忠君爱国与武士道

　　我们还能从和新渡户著作不同的方向来追溯近代武士道的兴盛过程，并且，这次探讨的对象才绝对是当时的主流。近代日本是奉天皇为大元帅的威权主义体制国家，不 ₂₃₅ 停地进行对外扩张的战争。《军人敕语》（1882 年）主张军人的本分在于向天皇尽忠；《教育敕语》（1890 年）主张，作为国民道德的根本，忠与孝以下的所有道德一致。这两者都被用在军队与学校的教育中，忠君爱国和尽忠报国的思想得以在国民中传播开来。

在此过程中，正如坚持后期水户学的历史学家内藤耻叟所说，"今之军人即古之武士也"（『日本兵士』冈岛宝玉堂，1895 年刊），军人和武士被等同视之。于是，像"忠"这样原本是和作为主君的封建君主之间的私人关系，被置换成国家（天皇即其人格化的象征）和全体军人、全体国民的公共关系，还作为国民与天皇的感情牵绊被加以利用。武士道中对舍生忘死的强调，也被用于宣传为国家和天皇无私奉公，美化在战争中的牺牲。

日俄战争的战训并没有得到充分利用

在这里特别想探讨的是日俄战争获胜后日本军事思想的倾向。尽管非常艰辛，但日本最终在这场战争中获胜，其重要原因是日本陆海军引进了以战舰"三笠"为象征的世界上最新的军队编制和装备。有人说，进攻旅顺时，俄军使用了日本没有的机关枪，所以日本伤亡惨重。但这种说法是完全不符合事实的。日本早在开战前就得到了法国的风冷式哈奇开斯机关枪的特许生产权，在南山的战斗和奉天（现沈阳）合战中，日军投入了比俄军近五倍多的机关枪。进攻旅顺时牺牲巨大有两方面的原因：近代要塞（图 5-1）难以攻克的特点；乃木希典所率第三军拙劣的作战方式。

图 5 - 1　旅顺要塞东鸡冠山北堡垒的钢筋水泥战壕
（笔者拍摄）

日俄战争时，虽然两国都残留有前近代的沉渣，但敏捷的新兴日本在战争中战胜了笨重的沙俄。所以，若是根据战训重新探讨战法与教育训练法，就必须比以往更加提升火力和机动能力，改善兵器，实现机械化和成熟化，整备兵站（负责给作战军队运送、补充、维修军需品等的机构），强化各个兵种之间的协同作战，以及合理进行战斗指挥，等等。尽管如此，军部并没有正面解决这些问题。部分原因是他们考虑到日本当时薄弱的国力和工业实力经受不住现代战争的巨大消耗。结果，战训的总结变成了"胜败的最大原因必须归结于敌我军人的精神之优劣"［『偕行社记事』明治三十九年（1906）十一月，第351号］，之后军部开始极力主张军队教育中的"精神教育"，以及对将校鼓吹武士道的必要性。这也是因为实际上从战场上决一死战的勇气来看，当时的日军还不如俄军。

对精神主义的强调

战胜了世界上最大的陆军国家——沙俄的自负和精神振奋招来了祸害，战争过后，《典范令》（以军律和训诫为代表的所谓军队教科书）从西欧式改成了日本式，日本军队独特的道德和意识形态开始形成体系，到处都在强调精神主义，战斗时也强调进攻精神，其基础是"将身家性命献给君主与国家，诚心诚意服从上司，以坚守上司的命令为第二天性"，这也成为对军人的要求（『步兵操典纲领』）。教育与训练也据此目的变得重视"精神教育"。据说，在将校和兵士的教育中，剑术被积极地与武士道和进攻精神关联起来。

白刃战的实际情况

在日俄战争后，步兵作为主要战力，其战法的中心是白刃战，那么在日俄战争的时候，白刃战实际上到底有多少威力呢？所谓白刃战，是指使用刺刀和刀剑进行的战斗。刺刀是安装在枪械前端，在突击或者短兵相接的时候，用来刺敌人的短剑。其实，在步枪上装刺刀进行突击的方式反而是俄军所擅长的。

据法国的观战武官说，沙俄方面不相信步枪的效果，常训示士兵 "子弹使人愚蠢，刺刀才是睿智"。另外，德国的观战武官报告说："日本至今一次也未抵抗过我军的刺刀突击，一味地边旁观边撤退。即使日本兵在努力练习使用刺刀后，到了战争末期，和初次使用刺刀的俄兵交战，也常常难免大败"［『偕行社记事』明治四十年（1907）五月，第361号］。正如第三章所述，战国时代以前，白刃战不像弓箭战一般受到重视，近世是没有战争的和平时代。德国观战武官记录的日本兵不擅长白刃战的这一点很可信。正因为如此，在日俄战争后，日本才更有必要强调白刃战与攻击精神的重要性吧。

虽然大家都相信格斗战就是白刃战，但根据大江志乃夫的研究，在日俄战争中，被当作格斗战的武器使用的，除了白刃外还有手榴弹，另外还有将带刺刀的枪抵在腰部做粗略瞄准的射击、倒持步枪用枪把来击敌，以及投石战等方法。而且，在战斗死伤者所占比例中，白刃造成的创伤比例较低，并且只是轻伤。从主要战斗中的受伤类别来

238

看，在野战和要塞战中，随着战斗次数的增加，格斗战所占的比重就越大。这就证明，日俄战争中决定战斗胜败的是格斗战，但白刃的比重与格斗战的比重呈反比例地突然变低。手榴弹的作用极大，但因为制造匆忙、粗糙，还未在技术上确立作为突击兵器的地位。因此，最终事实表明，最原始的投石战和用枪把进行击打等方式更加有效。

三八式步枪和刺刀

日俄战争后，陆军越发崇拜白刃，确立了白刃主义原则，直到在亚太战争中战败为止都没想过修改这个原则。其象征就是三八式步枪和三十年式刺刀。三八式步枪改良于日俄战争时使用的三十年式步枪，是陆军使用最久的步枪。口径 6.5 毫米，全长 128 厘米，重 3.95 公斤，最远射程 2400 米，将撬杠前后移动，把子弹一发发地送进膛室（放枪炮弹药的部分），发射后向外排出空的弹壳（铜与亚铅合金的小筒子，用来装火药的容器），能五连发。

三八式步枪现在已经成为旧式兵器的代名词，但列装之初有着当时世界上最先进的性能，作为手动步枪已经没有改良的余地了。欧美的刺刀是专门用来戳刺的，所以是双刃。而日本的刺刀是直刀单刃的小太刀，全长 52 厘米，长于各国的制式，装到三八式步枪上后全长 1.666 米，重 4.39 公斤，比小个子的日本兵的身高还长。

三八式步枪本身对日本兵来说就太长了,这原本是个240问题,但和刺刀相辅相成,意图在于弥补日本人的手比欧美人短的不足。之所以用单刃刀而不是双刃剑,是为了满足这种贪心的要求:不但可以戳刺,还能当作长刀来砍杀,甚至能单独当作小刀来使用。这种刀被看作武士之魂,是表现了爱好刀剑的民族性的武器,但实际上重视的是灵活运用其长度的刺杀技能。

从西式长刀到军刀

与此类似,由于明治陆军是以西式标准培养起来的,所以,明治八年(1875)的太政官布告规定将校佩刀的外部装饰和刀身为西洋样式。后来,尽管外部装饰还保留西洋样式,但很多刀身都变成了日本刀,悬挂在腰间。欧美军刀主要用于刺,而不是砍,尖端是双刃剑,刀柄做成单手持握式。而安装了日本刀的军刀则是专用作斩击的单刃刀,刀柄也改成双手持握式,并使用销钉,是和洋折衷的产物。

第一次世界大战时,科技使得大规模杀伤性武器的发展速度惊人,格斗战的时代已经结束。一战以后,各国都倾向于不仅在野战连平时也废止佩带军刀。但是,信奉白刃战效果的日本却没有废止军刀。不但如此,陆军于昭和241九年(1934)、海军于昭和十二年(1937)废止之前的西洋式佩刀外装，规定使用模仿了日本自古以来的太刀的外装，后者的实用性已经在第三章做过介绍。

日中战争之后，在日本刀上追求特别的精神附加价值的风潮愈演愈烈。从在战舰等舰艇上拍摄的司令长官和幕僚的集体照里可以看到，他们全体都带着军刀。钢制的日本刀会让军舰的磁性指南针错乱，在海上战斗中起不到任何作用。另外，还有战斗机飞行员进入驾驶座时带着军刀摆拍的照片。虽然这看起来是因为拍照者要求飞行员携带代表勇者的小道具进行拍摄，但也越来越荒谬了。这极致地体现了日本刀已经超越实用的领域，成为物神崇拜的对象。日本军人在精神上成了武士的俘虏。

5　武道、武士道、大和魂

从武术到武道

在学校教育中，武士道又是什么状况？关于这点已经有很多事例了。我们现在试着从武道的角度来看看。近世和战国以前不一样，武道指的是伦理思想本身，与武士道同义，和作为刀、枪的技与术的武术、武艺很明显区别开来。剑道在明治时代一般称作"击剑"，这是沿袭了江户时代以来的称呼。

第五章　诞生于近代日本的 "武士" ——膨胀的虚像

在近代，开始使用"武道"一词是在明治二十年以后。比如在隈元实道的《武道教范》（『武道教範』武揚館，1895 年刊）中，"武道"的意思包括了剑术和武士道思想。隈元是在西南战争的田原坂（现熊本市北区）战斗中，率领拔刀队突击敌阵而名声大振的陆军宪兵大尉。该书是他在日清战争期间写的。他还提倡用剑术中的双手握持技法去使用当时的单手西洋式军刀。

明治三十年至四一年，随着国家主义思想高涨，有人叫嚣让武士道复活。武道成为培养国民道德以及尊崇忠诚和武勇的军人教育的手段，其混合了武士道、武术、天皇中心史观并作为国技的地位得到强调。此后，大日本武德会创立（1895 年），武术教育养成所建立并最终改称为武道专门学校（1919 年），武术作为武道逐渐带上了伦理性。

明治三十一年（1898），击剑和柔道只被允许在中学课外教授；明治四十四年（1911），政府修改了《中学校令施行规则》，承认在体操正课中教授击剑和柔道的做法。大正二年（1913）制定的《学校体操教授要目》被作为旧制中学校和男子师范学校的体操科教材，昭和元年（1926）击剑和柔道的名称分别被改成剑道和柔道。之后，昭和六年（1931），满洲事变①爆发。以上科目被定

①　即"九一八事变"。

为必修，重点在于培养质朴刚健的国民精神和锻炼身心。昭和十四年（1939），规定小学五六年级和高等科的男生必修武道（柔道和剑道）；昭和十六年（1941），这些内容被作为国民学校"体炼科武道"，越来越受到重视。

刺刀道和长刀

昭和十五年（1940），刺刀术改名成刺刀道，被纳入中学等学校教育（军事训练）。在此之前，昭和十一年（1936），女子学校和女子师范学校的教材中加入了弓道和长刀。其间在昭和十三年（1938），第 24 届甲子园全国中学校优胜棒球（高中棒球选手权）大赛开幕式上有这样一个场景。被称作东海地区第一投手的挂川中学（现挂川西高）的村松幸雄主将朗读选手宣誓："我等遵循武士道的精神，堂堂正正地比赛。"出场选手们就跟着呼喊他所宣读的每一节（『朝日新聞』2015 年七月十六日，大阪本社版朝刊など）。村松后来加入了职业棒球名古屋军（现中日 dragons），于昭和十七年（1942）被征召入伍，两年后，24 岁的他战死在关岛。

第二次世界大战后，武道被认为带有国家主义和军国主义的性质，停止在课堂上教授。但之后，相扑、柔道、剑道都依次复活，最后，到了 2017 年，将在 2021 年实施的中学《新学习指导要领保健体育》的正文中，九种武道的

244

选项中明确写有刺刀道。并且，2008 年修订的《中学学习指导要领》中写着"根据地区和学校的实际情况，也能让学生选修なぎなた（naginata）等其他武道"，长刀也以"なぎなた"这种平假名表记的方式复活了。

生不受俘虏之耻辱

戊辰战争的最后时刻，五稜郭之战（箱馆之战）的败将榎本武扬决定自尽，但被官军劝降了。他出狱后活跃于外交领域，在明治后半期还历任大臣职位。以三岛由纪夫祖母的祖父永井尚志为代表的许多干部，也在数年后被赦免，被任命担任新政府的要职。这是因为近代国家的建设需要人才。

在日本，认定做俘虏是耻辱的观念产生于日俄战争之后。有以下这样的例子：被军队当局授予勋章的生还俘虏遭受故乡的人们的白眼，受到村八分①制裁。但这种观念真正确定下来还是要到日中战争之后。战争开始之时，日本没有发布宣战公告，将其称为"支那事变"[昭和十二年（1937）九月二日由内阁会议决定]，认为其不属于国际法上的战争。这是因为，美国的中立法适用于被认定为

---

① 江户时代以来，盛行于农村的制裁。对于违反规则、扰乱村里秩序的人及其家族，村民全体商议过后与其绝交。

战争状态的国家，它禁止或限制向这些国家出口兵器、军用器材、一般物资，还限制其金融上的交易。日本不愿陷入这种状况。中国方面也出于同样的动机没有发布宣战公告。①

245　　因为不是战争，从公开层面上讲也就不存在俘虏，本应被给予保护的敌方俘虏受到处刑等不法处置。反过来，己方军人成为俘虏时，则被认定逃跑到敌方，被当作军人最不光荣之事。这一点的极致表现则是陆相东条英机于昭和十六年（1941）一月对陆军全体传达的被称作《战阵训》的督战训诫。日本陷入战争的泥潭，看不到终结的希望，中国战地上的日军将士士气低下，军纪越发混乱。这是训诫的写作动机。

　　《战阵训》由序和三部本训构成，包括必胜之信念、服从心、生死观、珍惜名誉等和《叶隐》的武士道精神相近的内容，也被称作《军人敕谕》的"战场版"。特别是"本训之二"的"第八　珍惜名誉"，其中写道"生不受俘虏之耻辱，死勿留罪过之污名"，这被视为要绝对服从的部分。因受伤而无法动弹，无奈成为俘虏的将士在被归还后被迫自尽。虽说《战阵训》在整个军队中被接纳

---

①　作者提出的观点只是众多说法之一。中国学者关于国民政府对日宣战问题的最新研究成果，可参见侯中军《论全面抗战爆发后国民政府的对日宣战》，《湖北社会科学》2019 年第 7 期。

的程度不完全一样，但禁止做俘虏，强制性地战死这一原则被确立起来，结果造成在亚太战争末期，在各地发生了没有意义的悲惨的玉碎行为。

　　败战后七十多年过去了。执政党强制通过了《安全保障法案》，允许行使集体自卫权，甚至想修改《日本国宪法》第九条，加入集体自卫权或者更为过分的内容。在这种政治状况之下，我们会听到一种声音，仿佛武士道是国民道德和日本人的精神背景。对此，笔者是反对的。这是因为，近世的武士道是武士社会内部的思想，而且只适用于其中一部分，并不是普遍性的。而近代的武士道则如艾瑞克·霍布斯鲍姆（Eric Hobsbawm）所说，是"创造出来的传统"。并且，就算在大日本帝国时代，也不能认为武士道从始至终束缚了所有日本人。

大和魂

　　到此所述的观点也适用于在战前与武士道一起被提倡的"大和魂"。这个词首见于 11 世纪初的《源氏物语》，"和魂"与"汉才"相对，即与学问（汉学）上的知识相对的，先天具备的机智、处世才能，以及实际生活中的思考与判断等方面。之后除了一些著作之外，人们并不关心"大和魂"。近世过半的时候，在贺茂真渊和本居宣长的影响下，"大和魂'（大和心）再次被人们提及。对于

246

宣长来说，这是与"汉才"对立的概念，是天生的真心、不为任何事物蒙蔽的双眼、看透真相的慧眼。他所作的著名和歌"问道敷岛大和心，山樱香阵熏朝霞"① 也是以《新古今和歌集》的"山樱花在朝日之光中美丽地绽放，仿佛是不畏阳光的雪"（藤原有家）② 作为本歌。宣长意图将他所认为的高雅真实的日本人之心情，用即将芬芳绽放的山樱花表现出来。

247

然而到了 19 世纪之后，曲亭马琴在《椿说弓张月》中让崇德院的冤魂说道："已无退路时马上舍弃性命，这就是大和魂。但其中大多缺乏深思熟虑，是不爱学习的过错造成的。"（后篇卷四，第 25 回）这里强调的是大和魂的负面，认为虽然其中含有不畏赴死的精神，但那是肤浅和不学无术的人才做的事情。

后来，随着幕末尊王攘夷论的兴盛，人们把"大和心"看成英勇果断的精神。进入明治后，俚语"花为樱花，人作武士"（"花以樱花最佳，人以武士最优"，出自『假名手本忠臣藏』）流传开来，"大和魂"也逐渐和武士道联系起来。

---

① 敷島の大和心を人間はば朝日に匂ふ山桜花。即下文提到的敷島歌。译文引自王俊杰《论本居宣长复古国学的伦理思想》，河北大学 2010 年硕士学位论文。
② 朝日影にほへる山の桜花つれなく消えぬ雪かとぞ見る。

敷岛歌本身也被解释为强调樱花散落的果决之状。战前就有人指出这是误读，却没有人对以下观点提出质疑，即将 "大和心" 和 "大和魂" 解释为与 20 世纪 30 年代之后突然被大肆褒倡的 "日本精神"（不是指 "日本的精神" 这种一般名词，而是以国家权力为背景的思想运动标语之一。指日本人特有的、支持其行动模式的精神，是与天皇和皇室无法切分开的特定的意识形态）相同的概念。就这样，直到 1945 年战败为止，日本国民 248 都被教育 "大和魂" 就是日本民族固有的精神，是支撑天皇制国家的政治思想根基。它教育人们在战场上遵循武士道英勇奋战，然后壮烈牺牲，这被看作至高无上的精神价值。

理所当然，在战后的日本，武士道这一思想再次被忘却。笔者这个年龄层的大多数人的精神背景，是讴歌放弃战争、主权在民和民主主义的《日本国宪法》。而年轻的各个年龄层的人之中，既有偏向国家主义的，也有远离政治、无心向上的各种价值观。但是笔者无法描绘出除武士道和 "大和魂" 以外的，贯穿整个日本史、成为全体日本人的精神支柱的思想和伦理。

在人口众多，阶级、阶层的利害关系越发明显的，高度发达的社会里，本来就只会存在适用于特定阶层、集团和年龄层，以及特定时期的价值观。所谓的贯穿整个时代、适用于整个社会的价值观，是国民国家创造出来的幻想，只是国家统治阶层和追随其意识形态的集团希望如此而已。归根到底，近世武士道也好，近代武士道也好，都只是其中一个事例罢了。

终章　日本是"武国"吗？

1　武国意识的成立

日本是擅长弓箭之国

天正二十年（1592）六月，丰臣秀吉向在釜山登陆，²⁴⁹以破竹之势攻陷汉城（现首尔）的麾下大名们发布了出征明国的军队配置，其中写道，连在"日本这样擅长弓箭"的国家，自己率 500 骑或 1000 骑的小部队就成功地平定了国内。这次，一共 13 万人的大部队要去攻打"大明长袖国"，一点都不需要担心（『毛利家文書』904号）。他还说，攻打"处女般的大明国"如泰山压卵般简单（同上 903 号）。

"擅长弓箭的日本"和"大明长袖国"是秀吉喜好的

对照表现。长袖指穿着长袖和服的人，即贵族或僧侣。这意味着明国不是武人而是文人统治的国家，而且正如前后文所示，是一种侮辱对方的说法。对于出身低微却得以发迹，靠军事力量统一日本的秀吉来说，这是自然的自他认识。

"武国"认识是何时产生的？

将本国理解为"武国"的这种自我认识，是何时因何形成的？佐伯真一总结道，至今关于古代日本人自我认识的研究是以神国（神明守护的国家）思想为中心的，这和佛教的世界观里将日本看作卑贱的"粟散边地"（如粟粒一样分散的数量众多的小国之一，指远离佛国的偏僻之地）的意识是一体的。他还指明，最早在这个构想的基础上加入日本人善"武"这种说法的，是 12 世纪末的藤原定家所作的《松浦宫物语》。这是一部虚构的物语，描绘了渡唐的橘氏忠这个人物在异国大显身手的故事及其恋爱故事。橘氏忠的主要活动是帮助因燕王的叛乱而苦恼的唐朝皇后镇压叛军。主人公对皇后说道："听说日本作为兵之国，国土虽小，但有神灵的强力庇佑，人也贤明。"佐伯氏指出，物语对合战的描写反映了这部作品成书不久前的平安末期的内乱（治承、寿永之内乱）的相关传闻和信息。

承久三年（1221）前后成书的《宇治拾遗物语》第155 话讲述了在平安末期，壹岐守宗行的郎等为避免被主人杀掉而逃到新罗，在那里成功打败老虎的故事。知道此事之后，新罗人害怕地说道："在兵之道上无人能敌日本人，所以日本是越来越厉害、让人恐惧的国家。"该书第156 话也提到，遣唐使的孩子被老虎吃掉，遣唐使将老虎杀死，取回了孩子的尸骸，对此，中国人说道："果然，在兵这方面没有能和日本相比的国家。"

"兵之道"本来指的是关于战斗的具体能力。第155话中也写道，新罗人尜短箭制成毒箭来使用，所以不能立刻击倒敌人，而日本人则不惜自己性命，射的是大箭，所以能当场杀死敌人。日本的弓箭能比中国和新罗的短弓发挥更大的威力，这种认识在《松浦宫物语》中也能看到。佐伯氏说道，日本人比的是在战场上能射多大的箭（长矢），所以当他们注意到中国和新罗所用的箭要比日本的短的时候，就会意识到日本的"武"的优越性。

进入战国时代之后

同时，佐伯氏还指出，上述意识依旧停留在对弓箭这种武器的比较和对职业武士之勇敢的朴素的实际感受的萌芽阶段，这种从前一时代延续下来的自我认识，就算经历了蒙古袭来也没有发生根本性的变化。如笔者在第四章所

述，截至镰仓时代的日本虽然不会有意地忌讳"武"，但
对其也不是积极地、无条件地肯定。《平家物语》和《太
平记》这种军记作品不是武士为了武士而创作的，也没
有肯定武力政治。但是，蒙古袭来之后，日本的本国优越
感高扬，随之评论日本的"武"的言论也开始增加，15
世纪起，武士从自身的视角出发，强烈地主张与"文"
相对的"武"的立场，逐渐创作出像《义贞记》这样的
文本。该书成书于 15 世纪前半叶。

佐伯氏接着指出，16 世纪，随着战斗的不断反复
和"武"治的实现，日本人便形成了认为本国在"武"
的方面十分优越的这种自我印象。随着秀吉侵略朝鲜，
这种印象变得越发明显。这种意识在近世被理论化，
确立了作为"武国"的自画像。平安末期、镰仓时期
意为"直接的暴力（军事力量）及其威力"的"武
威"一词也变成表示"以武家（幕府）为主体的政治
意识、国家意识"的词语固定下来。"武"也被认为是
相对于外来文化的日本固有的精神，和民族主义结合，
随着各种发展渗透庶民阶层。佐伯氏主张，这样的
"武国"影响延续到了近代，也成为支撑"军国"日本
的历史观。佐伯氏的观点是日本文学研究者特有的，
是他广泛留意各种作品之后，建立在细致阅读之上的
论点。笔者大体上同意这种观点。

"武国" 意识确立之晚是理所当然的

这种 "武国" 意识确立的时期意外地很晚，并且很 253
低调。现代日本人通常认为，日本在 12 世纪末就已经成
立了镰仓幕府这种武家政权，武士时代就此拉开帷幕，但
史实与之大相径庭。但是，就算镰仓时代的京都与西国的
人产生了 "朝廷因东风（镰仓幕府）之助而繁荣，天下
赖东日（幕府）之荫而平稳"（『海道记』）的认识，他
们还是觉得东国仍然是 "夷" "东夷" 的世界，西国才是
王朝贵族所支配的日本国的本体。所以 "武国" 这种自
我认识当然难以发展起来。

正如第二章所述，把 1185 年到 1333 年这段时间称为
镰仓时代的这种历史认识是有问题的。但是，对于现代日
本人来说，国家权力早早地就从贵族手中转移到了武家手
中，并且如此持续了七百年，这是连小学生的耳朵都听出
茧子的说法，成年之后也是被这种历史观重重包围，没有
机会询问真伪。因此，他们将日本理解成武之国、武士之
国，也是没有办法的事情。

不受他人侵略的岛国

但是冷静一想，在前近代，日本列岛受到别国侵略的
机会是非常少的。其代表时期有以下两个：一是 663 年，

254　日本在白村江之战中惨败于唐和新罗的联军，直到后来都担心他们马上就要来攻打日本了；二是从镰仓中期开始防备蒙古来袭。前者虽然是杞人忧天，但将律令制这种"军国体制"带给了日本；后者只让人联想到 1274 年、1281 年的文永、弘安合战。其实在那前后日本列岛周边也曾数次面临被侵略的威胁。元朝的忽必烈（世祖）死后，正安元年（1299），禅僧一山一宁被派往日本，但最后元放弃了和日本通好，两国之间的紧张状态一直持续着。单单是元朝可能侵袭日本的传闻就一直持续到了元灭亡的应安元年（1368），给日本社会带来了巨大的冲击。话虽如此，日本直接面临军事性威胁的事例，也不过是整体历史上的短暂片段罢了。

　　日本列岛的地理位置非常深刻地影响了日本历史。日本海足以成为阻碍亚洲大陆方面的军事侵略的屏障，但不妨碍导入高度发达的文明。然而，在北方，没有哪个国家能够直到江户末期都还能对日本拥有影响力；在东方，幕末以前茫茫大海阻隔了一切文明的影响。

"和平的"平安时代

　　军队通常都以防范外来威胁或者大规模内战、内乱为理由而得到强化。如果事实上没有那种情况，通过夸大地煽动威胁也能轻松实现。日本在平安初期曾以虾夷的威胁
255　为借口强化军队，但在其告一段落之后，基本上"和平"

的时代一直持续着。将门之乱虽然在精神上造成的冲击很大，但在国家开始镇压之前实质上就已经完结了。前九年、后三年合战仅仅是河内源氏故意发起的私战的扩大版，正如很久以前北方的陆奥、出羽发生的事情一样。有些书让人觉得武士好像在摄关时期就已经成长起来，但在这种内外环境之下，只能说这种观点太夸张了。连应对军事威胁的自觉都没有，武士怎么可能成长起来？

平安中期的武士平日里只是宫廷的警卫队和首都警察的将校。尽管如此，在院政时期，随着军事紧张气氛的加剧，以伊势平氏为中心的武士成长了起来。经过保元、平治的内战之后，他们甚至能左右政治的动向。而且治承、寿永内乱长达六年之久，让军事集团极大膨胀。结果平家在制度上建立了幕府，而从军事政权这个侧面来说，赖朝从内容上大大地充实了幕府。几乎所有的研究者都深信不疑地将镰仓幕府看作第一个武家政权，也不是没有理由的。

2　用来除魔的武，
作为行政、财政人员的武士

泷口的任务

为了让大家对武和武士的理解更多样化，下面举一个　256

平安时代宫廷警卫武力的例子，介绍贴身保护天皇的泷口。正如其所属的王家家政机关藏人所所示，他们与其说是宫廷的警卫兵，不如说是天皇个人的私家护卫。泷口设立于9世纪末，编制10人，天德四年（960）扩编到了20人，白河天皇的时候达到了30人。他们要负担各种役，其第一任务就是昼夜守卫禁中，3人一组交替出勤。根据某个实例，一个人的出勤时间按昼夜分开算的话长达3000余天。在关东发动叛乱后，自称新皇的平将门自负于过去"弓箭之武术，至今援助了两朝（醍醐、朱雀两位天皇）"（『将门记』）的实绩，这指的是他过去在泷口供职的经历（『尊卑分脉』）。

如果认为泷口的工作就是保护天皇不受暗杀或强盗入侵这些物理上的威胁，那就是囫囵吞枣。他们要发挥的作用中特别重要的是鸣弦（图6-1）。弓不上箭，用手将撑起的弦用力拉开，让其发出声音，这叫鸣弦，也叫弦打。弓箭不仅仅是武勇的象征，还用作法器来驱除邪灵，赶走肉眼看不见的精灵。人们期待武器能驱除魔物并且招来福气。这似乎是日本在吸收中国道教习俗的过程中固定下来的观念。鸣弦能用其弦音惊吓妖魔鬼怪，破除魔障，祛除邪气和污秽。

在当时的宫廷或贵族家中，妇女分娩、婴儿诞生、雷鸣、不祥之时、生病或者天皇入浴等，总是会鸣弦。泷口交替出勤的时候会被要求报上姓名,这叫名对面,这时也会鸣弦。泷口在藏人所职员在场的情况下接受弓箭技术的考验,然后被雇佣。出色的射击能力是为了让大家确信鸣弦的效果。换个说法就是,作为武士的血统及其因艺能技术而被提升的"作为辟邪的武"("武"具有的咒术能力,可以除魔的"武")才是他们被起用为宫中泷口的主要目的。 258

图 6 - 1 鸣弦之图
(出自『北野天神縁起』,收藏于北野天满宫)

物气的威胁

虽然是老生常谈,但这里还要再提一下,平安时代的都城和宫廷社会曾因物气(mononoke)、邪气和污秽等威胁而战栗。物（mono）是非神灵的灵、鬼、精等超自然存在中的负面部分的总称，物（mono）之气（ke，指无法用手触碰到实体，但能实在感受到的东西）就是物气（又称鬼气）。物气是物的作用，是由超自然的气引起的负面现象。其具体表现是疾病，特别是传染病。邪气是类似物气的东西，污秽是死亡和疾病等搅乱社会和政治秩序的、造成精神上威胁的各种现象，以及忌讳和恐惧它们的观念、感觉。

当时的平安京人口密集，人和物从地方流入，加上恶劣的居住、卫生环境，所以疾病容易流行。统治者对政治斗争中败者的怨念（怨灵）以及底层人民郁结的不满抱有怯意。这两者结合起来，再加上阴阳道——类似日本版的道教——的烦琐禁忌将其神经质般地放大了，这种精神环境导致的就是前面所说的物气等现象。而天皇通常是和物气与邪气严格地隔离开的，被认为应保持最敏感、最洁净的状态。

259

就这样，不仅限于单纯的战斗力，武士拥有的咒术层面的作用也浮出水面。关于前九年、后三年合战的胜者、功勋卓著的河内源氏的源义家也有下面的传说。被物气困扰不已的白河天皇命他献上有效的武具以安放在枕边，于是他便献上涂黑的檀弓，之后天皇就再没有被物气侵袭了。宽治年间（1087～1095）他还为堀河天皇鸣弦。之后，乾元二年（1303）五月九日，昭训门院瑛子诞下龟山法皇的皇子恒明亲王时，据说皇子的枕边放了坂上田村麻吕所持之剑。正因为这些武者都拥有过人之武勇，其武器便被期待具有破魔之功效。

源赖政制伏鵺

摄津源氏赖光的后裔拥有大内守护［从平安后期到镰仓初期负责大内内里的皇居警卫的职位名称，与镰仓幕府的内里守护（京都大番）是不同的两个职位］的家世。史料上可以确认他们在平安后期的赖政以后就任该职，但据《尊卑分脉》记载，在后世因驱鬼而闻名的赖光也做过大内守护。事实上，大内守护的职务也并不只限定于保护天皇和本内里不受现实武力的威胁。

赖政在《平家物语》中两次制伏了鵺。鵺是虎鸫的异名，会发出类似人的惨叫声，所以被看作不祥之鸟，令人害怕。贵族的日记中也有鵺鸣不吉的记录。在赖政第一次制伏鵺时，那怪鸟"猿首，狸身，蛇尾，虎足，鸣声似鵺"，但并不是鵺。赖政将两支"带了雉尾羽毛的尖矢（在尖端装上磨尖的箭头的大型箭）"搭在重藤弓上，迎击"妖怪"（卷四）。这当然只是传说。而正如"驱除魔障时使用这种羽毛"（『射御拾遗抄』）所说，使用了雉尾羽毛的箭当时被认为有驱邪厌胜（用咒语降伏人）的

260

效果。

早在宽弘三年（1006）十月，有只雉飞到了一条天皇前，泷口纪宣辅将它射死，当场得到了赏赐。到了近代，有些地方把雉飞入家中看作凶兆。鸟因为其飞翔能力，容易被看作联结阴间和阳间的边缘性存在。雉会带来凶事，反过来能击退不祥之物，带有两种含义的性质。

武士肩负咒术功能

前面介绍了若干例子。如果说，人们期待泷口和大内守护发挥的作用之一是击退袭击内里和王家的各种物气、精灵的这种"武"的咒术能力，那么这些武士与灵力、法力、咒力过人的护法僧和阴阳师在某种意义上是共通的。第四章已经提过依赖咒术的武士，而上文展现的则是肩负咒术功能的武士。

之前的历史研究者对武士的这些功能可以说完全没有兴趣，实际上将它们从武士的范畴中剔除了。这既是近代合理主义的缺陷，也是因为，他们将武士掌握政权理解成历史的前进，所以无论如何都将关注点集中在后来掌握了政权的河内源氏等的发展上。理所当然的，和天皇关系密切的泷口这种低级的武士难以入他们的法眼。以这种视角来看，只能得出如下否定评价：和治天之君（院）勾结、将河内源氏赶走的伊势平氏，以及平清盛所建立的政权

（六波罗幕府）是走上歧路的王朝走狗，是贵族性的、不成熟的政权。

江户幕府的勘定所

作为 "武国" 的自画像确立起来的江户时代也一样，政治转向文治之后， "武国" 就只朝着形式化的方向发展。军事集团的武力被冻结，负责实际政务的是被称作 "役方" 的行政实务官僚。如 "得知武役的番众是一群无能之辈后，当事人也认为闲着无所事事是当然的" （『植崎九八郎上書』） 所说，所谓的武士政权只是一种华丽的伪装罢了。

在那个时代，无论是幕府还是诸藩，行政官僚制度最发达的是掌管全部财政的勘定所部局。以幕府为例，上级官员的序列是勘定奉行（4 名）、勘定吟味役（2～4 名）、组头（1733 年是 10 名）、勘定（1733 年是 181 名）。最顶层的勘定奉行主要是负责财政和农务的财务长官，也处理幕府领地的诉讼，由俸禄 3000 石等级的旗本担任。勘定吟味役是会计监察官，属于 500 石等级。勘定所中普通官员勘定的役高（根据职位高低所支付的俸禄）是 150 俵（换算成俸禄的话相当于 50 石），在旗本中是等级最低的。

再往下的下级官员序列是支配勘定（1761 年是 93

名）、支配勘定见习、勘定出役和支配勘定出役。支配勘
定以下是御家人阶层、下级幕臣担任的职务。他们不管多
么优秀，都只能升到支配勘定，不可能再往上晋升。

官僚制度常常有上下两重构造。武士的职务本来是对
应知行俸禄的奉公，因此就任之后，和职务相关的各种经
费是要用自己的俸禄负担的，所以那些需要大量经费的重
要职位就不能雇用低俸禄的人来担任。

行政改革和人才起用

18 世纪德川吉宗的享保改革，打开了下级武士靠自
己的能力晋升到上级职位之路。这是因为，幕府采用了
"足高制"，即当任职之人的俸禄没达到其役高时，幕府在
其任职期间补充不足的部分。这种制度跨越了二重构造和
门第限制，既有助于起用低俸禄的有能之人，也不需要增
加俸禄，达到了抑制财政膨胀的效果。

以前，就任勘定奉行的人大多来自和财政没有关系的
职位，勘定奉行只是转向大目付、江户町奉行、留守居
（监管大奥、参与幕政的职位）的发迹之路的一个阶梯罢
了。但是，改革之后，将俸禄未到 1 万石但有多年经验的
人提拔为奉行的人事任命变多了。他们经历了行政末端的
实务工作，对现场的实际状况非常熟悉，所以行政效率提
高了，财政力量也得到了强化。

263

顺着这波提拔人才的大潮爬升到幕府中枢的代表人物是在幕府的最后一天饮弹自杀的川路圣谟。他起步于小普请组（参照第 213 页）这个幕府组织中所谓的"垃圾场"，以支配勘定出役（属于小普请组，临时作为支配勘定到勘定所出仕）为起点，在勘定所、评定所大显身手，被提拔为勘定吟味役，又历任佐渡、奈良、大坂町奉行，成为勘定奉行兼海防挂。他还和俄罗斯使节普提雅廷（Yevfimiy Vasilyevich Putyatin）交涉，缔结了《日俄和亲通好条约》，虽然因井伊大老上台而左迁，但后来还是当上了外国奉行。

幕府组织的各个阶段

江户幕府以身份制作为支配的根基，所以不可能彻底地克服身份制。但在幕末，出于外交和强化军事力量的需要，幕府尝试完善这方面的职位设置。幕府的政治组织很多时候被认为是将德川在三河战国大名时代的朴素的家政组织逐渐进行增强和扩充的产物（庄屋仕立て），但如第二章所述，在第三代将军家光执政后期，情况有了很大变化。虽然和作为近代产物的官僚制不一样，但幕府也创建了和官僚制类似的组织，是"在行政、审判、财政等各种领域创建分管一定职务的机构和组织，并且不是根据个人的意志，而是根据职务来执行的人的集团"（藤井让治）。

264

到了幕末为了应对危机，再对其进行进一步的改革。

　　就这样，根据前后时期的不同，幕府制度的实际状态也大不一样，更不用说平安时代的泷口和近世末期的武士之间的巨大差异了。当然，虽说是武士的政权，并不是只依靠武力去进行支配。为了让社会运转，维持稳定，进行改革和管理行政财政，必要条件和所需要素实在太多了。我们不能只关注武的印象，避免对其内容的理解流于单纯和粗糙。

3　"勇敢"与草菅人命

日本人勇敢吗？

265　　　至此为止，笔者一边论述自己的学说，一边介绍了现在日本史学界关于武士、武器以及武家政权研究的最新成果。最后，对于日本人原本在武的方面就是勇敢的民族这一主张，笔者想简单谈谈自己的见解，以此作为本书结尾。

　　确实，七十多年前，在太平洋的岛屿上，美军受到了日本士兵的强烈冲击。这冲击来自那些在弹尽粮绝的绝望状况下，拒绝投降、战斗至死的士兵。但是，正如笔者在第五章所述，那种"勇敢"是以下事实的产物，即平时在非人的军纪下被强制地绝对服从，被彻底灌输了战死是名誉，投降对本人和家乡的家人亲属而言都是耻辱，俘虏被看作阵前逃亡的观念。

当时很多人主张，也许欧美的物质文明更为先进，但日本的精神文明更加优越，所以日本会获胜。物质文明，即生产力、科技力量的优劣是客观的。但是，有无客观的依据让我们能够断言，只有某个民族在精神力量上特别优越，别的民族就不是呢？如果说日本有大和魂，那么美国则有扬基魂，英国也有约翰牛魂。日军常因美军战机飞行员和海军的英勇果断而咋舌，而德国纳粹则败给了在逆境中不屈不挠、具有韧劲的英国人。

日本海军的座右铭是 "见敌必战"，但除了一两个实际攻击的例子外，他们基本上十分寡欲，击落眼前的敌人之后，便毫不恋战地撤退了。虽然这被称作 "一击必杀"，但从这点来说美国海军做得更彻底，乘胜追击，致敌于死地。据说，日本海军之所以如此行事，是因为其军舰侧重攻击力而牺牲了防御力，意外地不经打，害怕太过贪婪会失去宝贵的舰船。美国的军舰制造在质和量上，特别是量上远远超过日本，而且重视军舰的防御能力和安全性能。所以他们不太介意受到损害或损伤，能毫不犹豫地进攻。

也就是说，进攻精神的强弱也是被生产力、技术以及损管水准这些独立变数所左右的因变量。结果就是一切，所以不得不说，海军的提督、司令阶层基本都缺乏战意。

耗尽人力资源

和前一项的道理相关，陆军有个词叫"一钱五厘"。一钱五厘是召集令状的明信片价格，这有"军队的补充只需明信片一张就足矣"的意思，也有士兵的命不值钱，只用少许金钱就能召集的含义（实际上，召集令状是由行政机关的职员拿去分发的）。这句话也演变成日本虽然在物质资源方面有限，但在人力资源的方面，要多少都能补充之意（实际上也并非如此）。

在近代军队中，国家靠征兵制度召集兵士，补充损耗。指挥官没有必要自己掏腰包去对部下的死伤进行经济上的补偿，因而毫不奇怪，有些上级指挥官感觉不到士兵生命的重要性（参考第 150 ~ 151 页）。在战场上，用极小的兵力去应付僵持的战局，缺失火力、航空战斗力、补给等物质补充的进攻让人命完全被白白浪费了。

海军在这点上也毫不输给陆军，开发了各种各样的特攻兵器。神风特攻队虽大部分使用二手或者旧式飞机，但也还有飞机作为手段。而"震洋"则是装了货车发动机的小型汽艇。其船体由三合板制成，在船头装载炸药，由搭乘人员驾驶离开海岸，撞击目标。大量"震洋"一齐向目标舰艇杀过去，只要一艘命中就足够了。搭乘人员除了来自其他特种兵器部队之外，主要是学徒兵、飞行预科

267

练习生（所谓的预科练）。他们是由于可乘坐飞机不够而多出来的航空队员，被允许和航空机搭乘人员一样穿戴同样的飞行帽、飞行服、纯白围巾、半长靴出击。这是交杂着欺瞒和执念的、十分可悲的事情。

268

　　陆军也制造了同样的东西（特四式内火艇）。昭和二十年（1945），"震洋"与"特四式内火艇"在菲律宾吕宋岛仁牙因湾和马尼拉湾等地迎击到来的美军，在冲绳战中也被实际投入作战了。"震洋"用2500人以上的阵亡只换来了微小的战果。很多"震洋"毁于因燃料起火的爆炸事故，或者其运输船在奔赴战地途中被击沉。

　　所谓"勇敢的"日本兵就是这些事实的产物。正如本书所阐明的，日本前近代的历史并没有否定武士的投降。勇者和非勇者都是存在的，这才是最初的人类社会。事实上，日本作为'武国'的时间很短暂，平安时代和江户时代都是漫长的和平时代。我们不应该被"日本是武国""日本人是勇敢的民族"这种无法确认真伪的、带有政治意图的宣传所诱骗，应该朝着不需要"军事方面的勇敢"，而是构建和平和安全的国际关系和国际环境的方向去进行勇敢的、永不放弃的努力。不言而喻，学习日本武士史在当下也具有实际意义。也因近来盛行人文学科无用之言说，笔者特意如此断言。

文献一览

（省略正文中已列举的文献信息）

　　关于武士及武家政权的研究数量庞大，无法全部进行介绍，故在此只列举执笔本书时直接参考的主要研究。还有很多十分重要的研究未做介绍，但考虑到"新书"的特征，只能割爱。在此深表歉意，望请海涵。

笔者所著和本书直接相关的论文和专著

「将門の乱の評価をめぐって」林陸朗編『論集　平将門研究』現代思潮社、1975 年

「中世の身分制」高橋昌明『中世史の理論と方法』校倉書房、1997 年

『武士の成立　武士像の創出』東京大学出版会、1999 年

『酒呑童子の誕生』中公文庫、2005 年

『［増補改訂］清盛以前―伊勢平氏の興隆』平凡社ライブラリー、2011 年

『平家と六波羅幕府』東京大学出版会、2013 年

『洛中洛外　京は"花の都"か』文理閣、2015 年

『東アジア武人政権の比較史的研究』校倉書房、2016 年

其余的参考著作、论文
序
江馬務「日本結髪全史」『江馬務著作集　第四巻』中央公論社、1976 年
坂口茂樹『日本の担髪風俗』雄山閣出版、1972 年
原田伴彦「チョンマゲ論」同『関ヶ原合戦前後』徳間書店、1967 年

第一章
石井進『鎌倉武士の実像』平凡社、1987 年
服藤早苗『家成立史の研究』校倉書房、1991 年
山岸素夫・宮崎眞登『日本甲冑の基礎知識』雄山閣出版、1990 年
吉田孝「律令時代の氏族・家族・集落」同『律令国家と古代の社会』岩波書店、1983 年
吉田孝『歴史のなかの天皇』岩波新書、2006 年

第二章
石井進『鎌倉武士の実像』前掲
磯田道史『近世大名家臣団の社会構造』東京大学出版会、2003 年
大山喬平「文治国地頭の三つの権限について」『日本史研究』158 号、1975 年
大山喬平「没官領・謀反人所帯跡地地頭の成立」『史林』58 巻 6 号、1975 年
金井圓「幕藩体制と俸禄制」同編『総合講座　日本の社会文化史　第二巻　封建社会』講談社、1974 年
川合康『鎌倉幕府成立史の研究』校倉書房、2004 年
高橋典幸『鎌倉幕府軍制と御家人制』吉川弘文館、2008 年

日本武士史

高橋典幸「将軍の任右大将と『吾妻鏡』」『年報三田中世史研究』12 号、2005 年

橋口定志「中世東国の居館とその周辺」『日本史研究』330 号、1990 年

橋本雄「遣明船の派遣契機」『日本史研究』497 号、2002 年

平井上総「兵農分離政策論の現在」『歴史評論』755 号、2013 年

平井上総「検地と知行制」大津透他編『岩波講座日本歴史 第 9 巻・中世 4』岩波書店、2015 年

藤井讓治『江戸開幕』講談社学術文庫、2016 年

藤井讓治『江戸時代の官僚制』青木書店、1999 年

藤井久志『刀狩り』岩波新書、2005 年

松岡進「東国における「館」・その虚像と原像」『中世城郭研究』23 号、2009 年

水本邦彦『村 百姓たちの近世』岩波新書、2015 年

渡辺浩「序 いくつかの日本史用語について」同『東アジアの王権と思想』東京大学出版会、1997 年

第三章

岩崎英重『桜田義挙録 下編』吉川弘文館、1911 年

宇田川武久『真説 鉄砲伝来』平凡社新書、2006 年

榎本鐘司「江戸時代前期における四芸としての剣術の成立と撃剣の出現について」『東海武道学雑誌』第 12 巻、2017 年

『NHK 歴史への招待 6』日本放送出版協会、1980 年

近藤好和『弓矢と刀剣』吉川弘文館、1997 年

佐久間亮三・平井卯輔編『日本騎兵史 上巻』原書房、1970 年

鈴木敬三「公家の剣の名称と構造」宮崎芳樹編『刀剣美術』34 号、1955 号

鈴木真哉『刀と首取り』平凡社新書、2000 年

鈴木卓夫『作刀の伝統技法』理工学社、1994 年

高木昭作『日本近世国家史の研究』岩波書店、1990 年

塚本学『生類をめぐる政治』平凡社選書、1983 年

『特別展　草創期の日本刀』佐野美術館、2003 年

トーマス・コンラン「南北朝期合戦の一考察」大山喬平教授退官記念会編『日本社会の史的構造　古代・中世』思文閣出版、1997 年

中村博司『天下統一の城・大坂城』新泉社、2008 年

日本乗馬協会編『日本馬術史　第一・二巻』原書房（復刻版）、1980 年

林田重幸「日本在来馬の源流」森浩一編『日本古代文化の探究　馬』社会思想社、1974

藤本正行『信長の戦国軍事学』JICC 出版局、1993 年

矢田俊文「元就の軍事刀と戦術」河合正治編『毛利元就のすべて』新人物往来社、1986 年

山岸素夫・宮崎眞澄『日本甲冑の基礎知識』前掲

横山輝樹『徳川吉宗の武芸奨励』思文閣出版、2017 年

第四章

有馬成甫『北条氏長とその兵学』軍事史学会（発売明隣堂書店）、1936 年

石岡久夫『日本兵法史』上、雄山閣、1972 年

猪瀬直樹『ペルソナ』文藝春秋、1995 年

大岡昇平『堺港攘夷始末』中公文庫、1992 年

笠谷和比古「武士道概念の史的展開」同『武家政治の源流と展開　近世武家社会研究論考』清文堂出版、2011 年

川田貞夫『人物叢書新装版川路聖謨』吉川弘文館、1997 年

小池喜明『葉隠』講談社学術文庫、1999 年

日本武士史

佐伯真一『戦場の精神史』日本放送出版協会、2004 年

佐伯真一「「武士道」研究の現在」小島道裕編『武士と騎士 日欧比較中近世史の研究』思文閣出版、2010 年

佐藤進一『日本の歴史 9　南北朝の動乱』中央公論社、1965 年

相良亨『相良亨著作集 3　武士の倫理・近世から近代へ』ぺりかん社、1993 年

島田虔次『中国の伝統思想』とくに「中国」「中国の伝統思想」、みすず書房、2001 年

伊達宗克『裁判記録「三島由紀夫事件」』講談社、1972 年

千葉徳爾『切腹の話』講談社現代新書、1972 年

古川哲史『武士道の思想とその周辺』福村書店、1957 年

第五章

浅野祐吾「明治陸軍の戦史研究について」『軍事史学』7 巻 4 号、1972 年

大江志乃夫『日露戦争の軍事史的研究』岩波書店、1976 年

菅野覚明『武士道の逆襲』講談社現代新書、2004 年

向後恵理子「英雄の古層」前田雅之他編『幕末明治』勉誠出版、2016 年

白峰旬『新解釈　関ヶ原合戦の真実』宮帯出版、2014 年

園田英弘・濱名篤・廣田照幸『士族の歴史社会学的研究』名古屋大学出版会、1995 年

田中康二『本居宣長の大東亜戦争』ぺりかん社、2009 年

中林信二・中森孜郎「武道」『CD – ROM 版　世界大百科事典　第二版　プロフェッショナル版』日立デジタル平凡社、1998 年

藤木久志『刀狩り』前掲

藤本正行『信長の戦国軍事学』前掲

保谷徹「近世」高橋典幸他『日本軍事史』吉川弘文館、2006年

終章
海津一郎『蒙古襲来』吉川弘文館、1998年
川田貞夫『人物叢書新装版　川路聖謨』前掲
木俣滋郎『日本特攻船艇戦史』光人社、1998社
佐伯真一「日本人の「武」の自意識」渡辺節夫編『近代国家の形成とエスニシティ』勁草書房、2014年
中村義雄『魔よけとまじない』塙新書、1978年
福永光司「道教における鏡と劔」『東方学報』第45冊、1973年
藤井讓治『江戸時代の官僚制』前掲
村上直・馬場憲一「江戸幕府勘定奉行と勘定所」同編『江戸時代勘定所史料』吉川弘文館、1986年

图片来源一览

（省略已记入“文献一览”中的资料来源）

図 0-2　『広辞苑』第六版図版、岩波書店

図 1-1　高橋昌明・山本幸司責任編集『朝日百科・日本の歴史別冊 8　武士とは何だろうか』朝日新聞社、1994 年、2-3 頁

図 1-4、3-1　鈴木敬三編集解説『古典参考資料図集』国学院高等学校、1988 年、75・76・113 頁

図 1-5　鈴木敬三『甲冑写生図集解説』吉川弘文館、1979 年、23 頁

図 1-6　山岸素夫・宮崎眞澄『日本甲冑の基礎知識』前掲、235 頁

図 2-1　高橋富雄他編『図説　奥州藤原氏と平泉』河出書房新社、1993 年、23 頁

図 2-3　石井進『鎌倉武士の実像』前掲、101 頁

図 3-2　馬の博物館編、図録『秋季特別展　鎌倉の武士と馬』馬事文化財団、1998 年、12 頁

図 3-4　石井昌国『蕨手刀』雄山閣出版、1966 年、301-315 頁より抜粋

図 3-6　『北斎漫画図録』芸艸堂、1998 年、62 頁

図4-2 酒井憲二編『甲陽軍鑑大成 第二巻（本文篇下）』汲古書院、1994年、133頁

図4-3 小松茂美編『続日本絵巻大成17 前九年合戦絵詞 平治物語絵巻 結城合戦絵詞』中央公論社、1983年、118頁

図6-1 小松茂美編『日本絵巻大成21 北野天神縁起』中央公論社、1978年、41頁

后　记

　　"Samurai Blue" 足球队，"Samurai Japan" 棒球队。大多数人不会对代表日本的国家男子体育队冠以"samurai"（侍）这一名称感到不可思议。

　　但是，武士的战斗和运动员的体育竞技是完全不一样的。如果单说用身体进行较量的这一方面，体育和战斗或许有共通之处。但两者决定性的不同在于，武是伴随着对人的伤害的，而体育的胜负则是以约定保证安全为前提的。因此便有规则，违反规则就是犯规，要减分甚至判输。将在和平的环境和配备齐全的设施中进行的、遵守公平守则的安全竞争比作武士的战斗，不是太胡来了吗？

　　日本国家足球队的队服上的标志是三足乌鸦，即八咫乌。据《古事记》和《日本书纪》记载，八咫乌是传说中的第一代天皇神武从熊野攻入大和时在险峻道路上为其

引路的大型乌鸦。日本足球协会的前身大日本蹴球协会将
其采用为徽记，是在满洲事变发生的昭和六年（1931）。　　278
在战前、战中，八咫乌和金鸱（神武东征时落在弓尖的
金鸢）、雕一起被用作和军事相关的设计。战后，它们被
用作陆上自卫队中央情报队等部队的标志。

也许有人说八咫乌的设计并没有时代错误。但女子足
球队的爱称是"なでしこジャパン"（nadeshiko Japan），
即大和抚子。这个词近年来没怎么用了，它将日本女性比
作瞿麦的花，指保守、不起眼但是懂规矩、高雅，关键时
刻能帮助男性、守卫家庭的可靠的女性。我们无法否认，
它体现了对男性非常有利的女性观，它和男子战斗的形象
呼应，彼此是相互强调的关系。

虽然话题都集中在足球上了，但笔者完全没有和日本
足球协会对着干的意思。不单单是这个协会，不知从何时
起，在国际体育舞台上竞技的人，或者更广泛的、各个领
域中活跃在海外的日本人，以及挑战组织之高墙的特立独
行的人等都被形容为 samurai，这已然变成一种陈词滥调
了。作为本书的作者，笔者非常担心。

※ ※ ※

2017 年 11 月，美国总统特朗普在访日前接受 FOX　279

NEWS（美国的专业新闻电视台）的采访时说"日本是武士之国（warrior nation）。我要向中国以及其他正在听这段采访的人事先说清楚，如果一直放任朝鲜和这样的事态发展，就会和日本之间产生大问题"（AFP BB News）。也就是说，他警告中国，如果不认真面对朝核危机的话，作为"武士之国"的日本就有可能自己采取行动了。

2015 年，日本通过了允许行使集体自卫权的《安全保障法案》。美国总统的发言是以此为前提的，也是将日本作为"武士之国"的印象和记忆用作威胁亚洲各国及其人民的工具。而另一方面，日本人也切实地感到恐惧，万一美国和朝鲜之间爆发战争，日本作为"武士之国"参战的事态有可能变成现实，这样的时代已经到来了。不能让美国总统说这样的话。

现代日本人当然不是武士，《日本国宪法》拒绝"武士之国"的概念已经达七十年以上。并且，本书也一直阐述日本在历史上作为"武士之国"实际上只是一时的。虽然有些僭越，但笔者还是要再次强调，在思考日本今后的前进道路时，这种看待历史的观点也十分重要。

280

※ ※ ※

本书得以完成，除了正文内提到姓名的各位之外，还得到了近世史专家水本邦彦、藤井让治、添田仁的指教。多亏彦根城博物馆的学艺员古幡升子的关照，我才有机会仔细观看樱田门外之变时被实际使用的彦根藩士的刀。在此对大家深表感谢。

　　考虑到本书的特点，在引用史料时笔者优先考虑的是易读，所以将其翻译成了现代语，还修改了一部分表记。虽然已经尽了相当大的努力，但尚不知是否叙述成功。恳请各位读者尽情推敲，给予严厉的指正。

　　本书是笔者写的第三本岩波新书了，一直都是和新书编辑部的古川义子女士共同作业，再次对她出色的管理表示感谢。

高桥昌明

2018 年 3 月 12 日

图书在版编目（CIP）数据

日本武士史／（日）高桥昌明著；黄霄龙译. -- 北京：社会科学文献出版社，2020.9（2024.6 重印）
ISBN 978 - 7 - 5201 - 6692 - 8

Ⅰ.①日… Ⅱ.①高… ②黄… Ⅲ.①武士 - 历史 - 日本　Ⅳ.①K313.03

中国版本图书馆 CIP 数据核字（2020）第 088441 号

日本武士史

著　　者／〔日〕高桥昌明
译　　者／黄霄龙

出 版 人／冀祥德
责任编辑／沈　艺
责任印制／王京美

出　　版／社会科学文献出版社·甲骨文工作室（分社）
　　　　　（010）59366527
　　　　　地址：北京市北三环中路甲 29 号院华龙大厦　邮编：100029
　　　　　网址：www.ssap.com.cn
发　　行／社会科学文献出版社（010）59367028
印　　装／三河市东方印刷有限公司

规　　格／开　本：889mm × 1194mm　1/32
　　　　　印　张：9.125　字　数：167 千字
版　　次／2020 年 9 月第 1 版　2024 年 6 月第 2 次印刷
书　　号／ISBN 978 - 7 - 5201 - 6692 - 8
著作权合同
登 记 号／图字 01 - 2019 - 2609 号
定　　价／59.00 元

读者服务电话：4008918866